Aposta em Teerã

LUIZ FELIPE LAMPREIA

Aposta em Teerã

O ACORDO NUCLEAR
ENTRE BRASIL, TURQUIA E IRÃ

Copyright © 2014, Luiz Felipe Lampreia

Todos os direitos desta edição reservados à
EDITORA OBJETIVA LTDA.
Rua Cosme Velho, 103
Rio de Janeiro – RJ – CEP: 22241-090
Tel.: (21) 2199-7824 – Fax: (21) 2199-7825
www.objetiva.com.br

Capa
Sergio Campante

Imagem de capa
Luiz Inácio Lula da Silva e Mahmoud Ahmadinejad na assinatura da Declaração de Teerã, Irã, 17 de maio de 2010 (AP Photo/Vahid Salemi)

Revisão
Raquel Correa
Fatima Fadel
Lilia Zanetti

Editoração eletrônica
Abreu's System Ltda.

CIP-BRASIL. CATALOGAÇÃO-NA-FONTE
SINDICATO NACIONAL DOS EDITORES DE LIVROS, RJ

L234a

Lampreia, Luiz Felipe
    Aposta em Teerã: O acordo nuclear entre Brasil, Turquia e Irã / Luiz Felipe Lampreia. – 1. ed. – Rio de Janeiro: Objetiva, 2014.
    150p.   ISBN 978-85-390-0630-4

    1. Brasil – Política e governo. 2. Brasil – Condições econômicas. 3. Brasil – História. 4. Relações internacionais. I. Título.

14-15049   CDD: 981
    CDU: 94(81)

"Não é difícil ser um perito em Irã.
Bastam duas frases: não sei e depende."
Kenneth Pollack

Para Helena, Teresa, Inês, Maria Carolina
e Karla, com amor.

Sumário

Prólogo 9
1. Uma brevíssima história do Irã: sua herança imperial   13
2. Raízes do antiamericanismo do Irã 19
3. A revolução dos aiatolás 27
4. A geopolítica do Irã... 37
5. O Irã e a não proliferação nuclear 43
6. Crise internacional e recrudescimento das sanções..... 57
7. A posição do Brasil sobre energia nuclear 71
8. A Declaração de Teerã e seus personagens............ 77
9. A Declaração de Teerã: gênese, negociação e conclusão   91
10. A Declaração de Teerã e o Acordo de Genebra.......... 125

Conclusão 133
Notas... 143

Prólogo

O Kremlin é o símbolo do poder russo. Uma ampla cidadela rodeada de muralhas, que reúne todos os prédios que congregam o poder governamental, além de palácios, teatros e igrejas. O Kremlin foi diversas vezes alvo de ataques em tempos de guerra: Gengis Khan, Napoleão e até Hitler tentaram, mas ninguém conseguiu apoderar-se da fortaleza. Os amplos e belos salões onde são recebidos visitantes ilustres contêm tesouros dourados. Foi ali que, no dia 14 de maio de 2010, os chefes de Estado da Rússia e do Brasil reuniram-se e discutiram a questão do programa nuclear do Irã.

O presidente russo Dmitri Medvedev havia conversado na véspera com o presidente Obama e declarara à imprensa que dissera ao colega americano ser necessário dar ao presidente Lula a chance de utilizar todos os argumentos para que o Irã cooperasse com o Conselho de Segurança da ONU e com a Agência Internacional de Energia Atômica (AIEA). Lula estava confiante em sua capacidade de conseguir, juntamente com o primeiro-ministro turco, um acordo extraordinário que quebrasse o impasse nuclear entre o Irã e as maiores potências do mundo. Por isso, anunciou, na entrevista coletiva no Kremlin, que numa escala de zero a cem daria 99 para a chance de obter um acordo com o Irã: "Eu estava otimista ontem, estou mais otimista hoje, estarei ainda mais otimista amanhã e ainda mais otimista depois de ter encontrado Ahmadinejad."

Procurado pela imprensa, Medvedev declarou: "Desejo muito que a missão do presidente brasileiro seja coroada de sucesso. Essa pode ser, talvez, a última chance do Irã antes da adoção de graves medidas pelo Conselho de Segurança." Mas acrescentou, respondendo à pergunta de um jornalista brasileiro, que as chances de êxito da missão do presidente Lula em Teerã eram de aproximadamente 30%. A avaliação foi um balde de água fria no ânimo de Lula e seu olhar surpreso na direção de Medvedev parecia dizer: "Que derrubada, meu amigo!"

Mas a declaração do presidente russo não deveria ter sido uma surpresa. Segundo o testemunho de uma pessoa presente, Medvedev já havia informado reservadamente ao presidente brasileiro que "o jogo estava jogado", pois os seis países mediadores (Estados

Unidos, Grã-Bretanha, França, Rússia, China e Alemanha) já haviam decidido impor novas e mais duras sanções ao Irã.

Este livro pretende apresentar, do modo mais objetivo possível, as tentativas brasileira e turca de atingir uma solução parcial para o impasse entre a política nuclear iraniana e o firme propósito dos membros permanentes do Conselho de Segurança da ONU, liderados pelos Estados Unidos, de impedir a qualquer custo que o Irã se munisse de uma arma nuclear.

Para a nossa diplomacia foi uma iniciativa audaciosa que, se tivesse sido bem-sucedida, poderia ter alçado o Brasil a um patamar superior de influência internacional. Porém, como prevenira Medvedev e os fatos demonstrariam depois, não estavam dadas as condições para tal êxito.

1
Uma brevíssima história do Irã: sua herança imperial

Na mítica Pasárgada fica o túmulo de Ciro, o Grande, o fundador do antigo Império Persa e da dinastia dos Aquemênidas. O grande poeta brasileiro Manuel Bandeira cantou "Vou-me embora pra Pasárgada / Lá sou amigo do rei / Lá tenho a mulher que eu quero / Na cama que escolherei", explicando que o nome do lugar tinha-lhe suscitado na imaginação uma paisagem fabulosa, o país das delícias.

Com suas origens na Idade do Ferro, o Império Persa tornou-se gradualmente uma potência da Antiguidade, o que o levou a enfrentar muitos inimigos e a ser invadido por gregos, árabes, turcos e mongóis. Nunca, porém, perdeu sua identidade. Tornou-se uma entidade política e cultural. O planalto iraniano, ao contrário do mundo árabe, é dominado por um só país: o Irã.

Ciro criou seu império em 550 a.C. e de modo muito mais vertiginoso do que Roma ou a China,

O IMPÉRIO PERSA (500 a.C.)

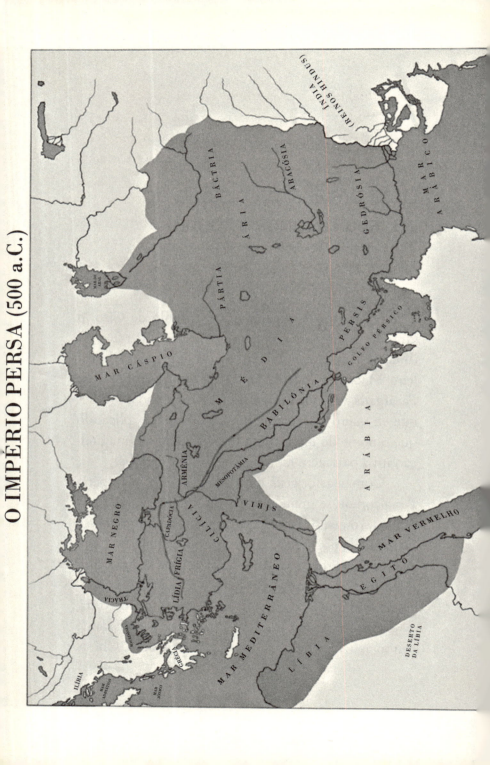

transformando-o, assim como seus sucessores Cambises, Xerxes e Dario, numa das forças dominantes da Antiguidade, cujos confins atravessavam o Bósforo, incorporavam a atual Turquia, incluíam os antigos impérios da Assíria, da Babilônia e do Egito, chegando até o rio Indus, ponto máximo de sua extensão. Porém, os persas nunca conseguiram atingir seu maior objetivo estratégico: firmar-se no continente europeu, derrotando a Grécia. Os primeiros ataques sob o comando do imperador Xerxes ocorreram em 490 a.C. Apesar da grande superioridade numérica, as forças persas sofreram uma derrota decisiva. Foi na Batalha de Maratona, famosa por ter sido anunciada em Atenas pelo soldado grego Fidípedes, que, após correr 42 quilômetros de distância para divulgar o grande triunfo, morreu devido ao excessivo esforço. A segunda tentativa, dez anos depois, teve seu desfecho no combate naval de Salamina, em setembro de 480 a.C. A frota grega era muito menor, mas foi inteligentemente comandada por Temístocles e obteve uma vitória fundamental. Xerxes, derrotado, regressou então à Pérsia. O capítulo final destas tentativas foi a Batalha de Plateia em que o genro de Xerxes, Mardônio, que havia sido promovido ao comando das tropas, foi derrotado e morto. Os persas deram meia-volta e fugiram. Os sobreviventes tentaram retirar-se para a Ásia Menor, mas foram atacados e dizimados pelas forças de Alexandre I da Macedônia.

Essas batalhas foram marcos decisivos, pois resultados inversos teriam mudado o curso da História e da civilização ocidental. Somente pela espada de Alexandre, o Grande, a dinastia dos Aquemênidas chegou ao fim com a destruição do exército persa na Batalha de Gaugamela, em 331 a.C.

Assim, o Irã é o berço de uma das mais antigas e duradouras civilizações do mundo, com vestígios de urbanizações com mais de 4 mil anos de idade. Persas e hebreus são os únicos povos antigos cujos textos sobreviveram aos tempos modernos. A Pérsia foi unificada como nação em 625 a.C. O império criado por Ciro durou 219 anos, tendo estendido suas conquistas dos Bálcãs à África do Norte e à Ásia Central a partir de Persépolis. Depois dos Aquemênidas vieram os Partas e os Sassânidas, que governaram o Irã por quase mil anos. Essa imagem de grandeza certamente povoa a imaginação dos iranianos até os dias de hoje.

O Oriente Médio, em sentido lato, é uma área geográfica bem definida situada entre a Grécia (primeira fronteira da Europa), a China e a Índia, mas claramente diversa. Foi esta área que o Islã unificou a partir dos últimos séculos do primeiro milênio. A conquista da Pérsia pelo Islã (633-656) pôs fim ao império dos Sassânidas e marcou um ponto de inflexão em sua história. Em duzentos anos, o Islã absorveu a civilização persa e suas realizações, dando ao país uma configuração definitiva. O Irã foi transformado em um Estado independente em 1501 pela dinastia Safávida, que oficializou a religião muçulmana xiita como religião do Estado. Assim, o Irã foi uma monarquia governada por um xá (imperador) sem interrupção de 1501 até a Revolução de 1979, quando o Irã tornou-se a República Islâmica do Irã no dia 1º de abril de 1979.

2

Raízes do antiamericanismo do Irã

No dia 15 de agosto de 1953, o imperador da Pérsia, instigado pela CIA, demitiu o primeiro-ministro Mohammed Mossadegh, que havia tido a ousadia de nacionalizar a Anglo-Iranian Oil Company, a qual, desde 1901, explorava o petróleo iraniano com benefícios mínimos para o Irã, mas fundamentais para a Grã-Bretanha, que dele dependia para projetar seu poder militar através da Royal Navy e dar aos seus cidadãos um alto nível de vida.

Mossadegh fora educado na Europa, era um aristocrata, filho de um antigo ministro das Finanças e de uma princesa da família real Qadjar, que antecedeu a dinastia Pahlevi. Estudou na França e na Suíça, tendo regressado ao Irã para assumir um governo provincial. Suas duas principais convicções eram o nacionalismo e a democracia. Ao chegar à chefia do governo, Mossadegh tomou para si com determinação a tarefa de expropriar a petroleira britânica. Também buscou concentrar o poder no Parlamento e no primeiro-ministro, em vez de no imperador. Com essas ideias e propósitos, o líder iraniano tornou-se um inimigo para a Grã-Bretanha e para o próprio xá, Reza Pahlevi. No início de 1951, as duas casas do Parlamento votaram unanimemente pela nacionalização da Anglo-Iranian. Foi um momento histórico que a nação iraniana celebrou com entusiasmo.

A revista *Time* — a campeã do anticomunismo — nomeou Mossadegh o Homem do Ano e ele passou a ser visto como um símbolo na luta anti-imperialista. Em retaliação, os britânicos orquestraram nos mercados internacionais um embargo ao petróleo iraniano com o objetivo de sufocar economicamente o país.

Essa situação, aliada ao desejo de Mossadegh de firmar sua autoridade tornando-se um primeiro-ministro com plenos poderes políticos, instalou uma crise entre ele e o xá. Foi então que os britânicos elaboraram um plano para afastá-lo do poder, que consistia em suborná-lo ou assassiná-lo e depois promover uma invasão militar ao Irã. Assim, enviaram a Washington dois altos membros do MI-6 (Military Intelligence, Section 6), o serviço secreto britânico, para propor uma ação conjunta. Por questões morais e políticas, a reação do presidente Harry Truman e de seu secretário de Estado, Dean Acheson, foi totalmente negativa. Portanto, os Estados Unidos opuseram-se ao boicote, inclusive por entenderem que este poderia favorecer uma aproximação do Irã com a União Soviética. Os ingleses passaram então às ações unilaterais, sabotando refinarias, bloqueando os portos iranianos e tentando apelar ao Conselho de Segurança da ONU. Mas foi tudo em vão. Em outubro de 1952, Mossadegh ordenou o fechamento da embaixada britânica e a expulsão de todos os seus funcionários, inclusive os agentes secretos que estavam tentando organizar um golpe contra o primeiro-ministro, deixando os britânicos sem meios de ação.

Porém, duas semanas depois, o general Dwight Eisenhower foi eleito presidente dos Estados Unidos pelo Partido Republicano e anunciou que seu secretário de Estado seria John Foster Dulles, um reputado advogado corporativo, conhecido por seu anticomunismo extremado. O governo britânico suspirou aliviado: a postura americana iria mudar em relação ao Irã.

A partir desse momento, iniciou-se um intenso esforço para persuadir os americanos a derrubar Mossadegh, já que os britânicos não tinham mais meios de fazê-lo. Christopher Montague Woodhouse, alto funcionário do serviço de espionagem britânico, foi enviado a Washington para conversar com Foster Dulles e convencê-lo de que Mossadegh estava levando o Irã para o lado comunista. Ficou claro, mais tarde, que o argumento era totalmente falso, pois Mossadegh nada tinha a ver com os partidários do Tudeh, o partido comunista iraniano. Ao contrário, detestava o comunismo e expulsou de seu gabinete todos os membros que partilhavam de tal ideologia. Mas Woodhouse insistiu com Dulles que havia ali uma excelente oportunidade para "fazer recuar o comunismo". Dulles, totalmente predisposto a aceitar os argumentos do inglês, concordou.

As principais obsessões de Dulles eram combater o comunismo e proteger os interesses das empresas multinacionais. Porém, no caso do Irã, os meios para atingir estes objetivos precisavam ser clandestinos. Como o Departamento de Estado nunca operava desse modo, só a CIA poderia fazê-lo, tendo inclusive a vantagem de ser chefiada pelo irmão de Foster, Allen Dulles.

O presidente Eisenhower relutou em autorizar a intervenção. "Os Estados Unidos não podem fazer esse tipo de coisa. Por que nosso país precisa ser odiado no mundo todo?", declarou. Mas o país sempre quisera ter acesso ao petróleo do Oriente Médio. Aliado a esse fato, havia a ênfase no anticomunismo. Estava formada a base para a decisão de ir em frente. Um milhão de dólares, em valores da época, foram enviados para a estação da CIA em Teerá "para derrubar Mossadegh de qualquer modo", segundo consta em relatório da CIA. Mas a tarefa não era simples. O representante da CIA em Teerá, Roger Goiran, tinha se demitido. O ex-embaixador do presidente Truman em Teerã reportara que Mossadegh tinha "o apoio de 95% a 98% do povo". O Departamento de Estado considerava Mossadegh um conservador e um nacionalista patriótico, sem motivo algum para ser atraído pelo socialismo ou pelo comunismo.

John Foster Dulles não deu a menor importância para essas avaliações e nunca consultou ninguém que tivesse opinião diferente da sua. Para conduzir essa perigosa missão, junto com seu irmão Allen, Foster escolheu o maior especialista em Oriente Médio da CIA, Kermit Roosevelt. Ele era neto de Theodore Roosevelt, o presidente americano que iniciara, no começo do século XX, a era das intervenções americanas na América Latina, enviando os Marines para derrubar governos indesejáveis para os Estados Unidos.

Kermit Roosevelt chegou ao Irã em julho de 1953 e imediatamente iniciou sua tarefa subversiva, com fundos enormes à sua disposição. Em poucos dias, o Irã estava em chamas. Seu primeiro trabalho foi utilizar uma rede de agentes previamente recrutados a peso de ouro para fomentar uma onda de protestos anti-Mossadegh. Roosevelt mobilizou a imprensa, os clérigos e os congressistas para uma campanha de difamação. Mossadegh percebeu que um complô estava em marcha, mas nada fez, em consonância com seu respeito pelas liberdades democráticas. Ainda houve a iniciativa de organizar um referendo para fortalecer o Congresso — que venceu por larga margem —, mas o espião americano rapidamente concebeu um novo plano: o imperador assinaria um decreto real demitindo Mossadegh e nomeando em seu lugar o general Fazlollah Zahedi, que já estava a soldo da CIA.

O xá hesitou, temeroso de estar participando de uma manobra fadada ao fracasso, mas a pressão americana foi tanta que acabou consentindo. O golpe falhou. Mossadegh havia preparado seu próprio dispositivo militar e prendeu o portador do decreto imperial. A Rádio de Teerã anunciou a vitória. O xá pegou rapidamente um avião e fugiu para Roma com sua mulher, Farah Diba. Kermit Roosevelt foi então chamado de volta a Washington pela CIA para abortar a operação, mas recusou-se a obedecer à ordem, decidindo permanecer no Irã. Mobilizou sua rede de informantes e incitou as gangues de Teerã a praticarem atos de vandalismo para dar a impressão de que o país degenerava no caos. Mossadegh não reagiu. A um líder comunista que pedia armas para combater os vândalos, respondeu: "Que Deus corte meu braço se eu der armas a um partido político." Em um ataque militar com tanques à casa de Mossadegh, após um combate encarniçado, o primeiro-ministro rendeu-se e foi preso. O general Zahedi, o homem de Kermit Roosevelt, assumiu o poder e o xá voltou de Roma.

Assim terminou esta incrível história de intervenção da CIA contra um primeiro-ministro democrático, mas ingênuo, que ousou desafiar o poder dos Estados Unidos e da Grã-Bretanha, trinta anos antes que a nacionalização de companhias de petróleo se tornasse o padrão em todo o Oriente Médio.

Curiosamente, nem a Grã-Bretanha nem os Estados Unidos divulgaram os documentos confidenciais sobre os eventos de 1953. Contrariando a prática desses dois países de abrir seus arquivos após vinte anos, a divulgação desses documentos continua a ser um tabu. Segundo o analista iraniano Roham Alvandi, em recente artigo no *New York Times*, "cada criança iraniana pode recitar a história da conspiração", e acrescentou, "a iniciativa anglo-americana de 1953 é o segredo mais mal guardado da Guerra Fria".[1]

As relações do Ocidente com o Irã ficaram para sempre marcadas pelos eventos que levaram à deposição de Mossadegh. Os iranianos guardam esse longo episódio na memória e a deliberada omissão anglo-americana talvez tenha contribuído para que a ferida permaneça aberta no pensamento iraniano.

3

A revolução dos aiatolás

O grande intelectual americano Kenneth Pollack, que tem se dedicado a entender e analisar as complexidades do Oriente Médio e, em particular, do Irã, afirmou que

o regime iraniano é geralmente um mistério. O país é governado pela mesma teocracia que emergiu vitoriosa na Revolução de 1979. O regime talvez tenha mudado de alguma forma, mas conservou a maioria de suas mais importantes características, seus medos, suas patologias, sua ideologia, sua insegurança belicosa e sua impenetrabilidade (*Unthinkable: Iran, the Bomb and American Strategy*, Simon & Schuster, 2013).

O erudito francês Alexis de Tocqueville, um dos mais argutos e profundos analistas políticos da história, criador do conceito de social-democracia, classificou como uma das versões das revoluções aquelas que são súbitas e violentas e procuram não só estabelecer um novo sistema político, mas transformar uma sociedade. A volta triunfal do líder supremo Ruhollah Khomeini deu início a uma revolução que se encaixa como uma luva na avaliação de Tocqueville.

Inicialmente um movimento de cunho popular em busca da democracia, pois o estilo de vida ostentoso do imperador e de seu círculo de amigos e aliados só reforçava o ódio popular, a Revolução Islâmica do Irã pretendia, com a criação de um Estado islâmico, rechaçar a influência ocidental no país. A desigualdade entre ricos e pobres, na década de 1970, havia se aprofundado enormemente, gerando críticas ao autoritarismo e à condução da política econômica do xá. Uma série de violentas manifestações contra o regime de Reza Pahlevi invadiu as ruas do Irã.

Os protestos aumentaram a instabilidade da economia iraniana e uma onda de greves gerais acentuou ainda mais a gravidade da situação. Em 1978 o processo revolucionário foi desencadeado e, em fevereiro do ano seguinte, o xá foi deposto. Reza Pahlevi fugiu do país.

O aiatolá Khomeini, um clérigo xiita que vivia exilado em Paris, concentrou as principais lideranças da oposição com a promessa de reformas socioeconômicas e a retomada dos valores tradicionais da religião muçulmana. Quando no dia 1º de abril o Irã foi declarado uma República Islâmica, Khomeini passou a ser o chefe e guia religioso supremo. Os *mullahs* (clero xiita) assumiram o Parlamento. Ele e o clero xiita que o seguia terminaram por instituir um governo baseado na aplicação da Sharia (a lei islâmica inspirada no Corão) e na restauração dos fundamentos do islamismo, purgando a sociedade iraniana dos excessos importados pela ocidentalização do período anterior. Estas novas leis, baseadas nos preceitos do Islã, passaram a regulamentar a vida dos iranianos. Vale mencionar uma entrevista de Khomeini concedida a Oriana Falacci, uma grande jornalista italiana, que dá uma pequena vinheta de sua atitude com relação à cultura ocidental. Oriana perguntou-lhe se conhecia os grandes compositores ocidentais como Beethoven, Bach e Verdi. A resposta do aiatolá foi imediata: "Nunca ouvi falar."

A invasão da embaixada americana em Teerã foi deflagrada em 4 de novembro de 1979 por manifestantes furiosos com o asilo dado pelos Estados Unidos ao xá Reza Pahlevi, varrido do poder meses antes pela revolução que levou Khomeini ao poder. Por mais de um ano, os militantes islâmicos mantiveram reféns americanos, selando o fim das relações entre Irã e Estados Unidos.

Com a Revolução Islâmica, as portas para o Ocidente foram fechadas e a religião dos bahá'is, proscrita.

Eles foram expulsos de seus empregos, impedidos de entrar nas universidades e escolas, muitos até enforcados em público. As assembleias locais foram banidas e seus integrantes, mortos. Na década de 1980, aproximadamente 50 mil bahá'is deixaram o Irã buscando refúgio em outros países, como o Brasil. Com mais de 7 milhões de seguidores no mundo — 2 milhões deles na Índia, 350 mil no Irã e 150 mil nos Estados Unidos —, a religião bahá'í (que surgiu na Pérsia em 1844 e possui suas próprias leis, fundamentadas nos ensinamentos de Bahá'u'lláh) está entre as dez maiores e mais difundidas do mundo, com presença em mais de cem países, de acordo com dados da *Enciclopédia Britânica*.

Em plena Guerra Fria, o Irã proclamou sua independência dos blocos americano e soviético, inundando o mundo islâmico com livros, fitas e palavras de ordem que disseminavam o ódio aos "infiéis", em discursos incendiários. Em dezembro de 1987, Khomeini disse ao povo que "matar os descrentes é uma das maiores missões do homem".

Segundo Samy Adghirni, correspondente da *Folha de S. Paulo* em Teerã, em artigo de 1º de fevereiro de 2009, intitulado "Irã paga custo de exportar a Revolução Islâmica":

> A Revolução Islâmica coincidiu com a decadência dos projetos nacionalistas e pan-arabistas que

predominaram no Oriente Médio dos anos 1950 aos 1970. Militantes muçulmanos reprimidos por governos que consideravam o Islã uma ameaça — na Turquia, na Síria e no Egito — ganharam autoconfiança com o êxito da revolta iraniana para derrubar regimes abertamente antirreligiosos e pró-americanos, como o do xá. "A revolução iraniana permitiu ao fundamentalismo tornar-se uma força que mudou a concepção do Islã político do Marrocos à Malásia", disse Efe Vali Nasr. [...]

Meses após a revolução no Irã, radicais sauditas tomaram a mesquita de Meca, num sequestro que terminou em banho de sangue no lugar mais sagrado do Islã. Em 1981, um jovem soldado fanático metralhou, a mando de oposicionistas radicais, o presidente egípcio Anuar Sadat, em represália ao acordo de paz com Israel.

No ano seguinte, logo após a invasão israelense do Líbano para expulsar de lá a liderança laica da Organização para Libertação da Palestina (OLP), surgia o Hizbollah, grupo xiita inspirado na Revolução Islâmica que hoje, misto de milícia e partido, participa do governo libanês. Com ojeriza ao regime de Teerã, o Ocidente forneceu armas e dinheiro ao Iraque de Saddam Hussein em sua longa guerra com o Irã.

O poder de inspirar e apoiar grupos islâmicos em outros países teve um alto custo político e não trouxe ganhos concretos para os aiatolás, que seguiram governando o país após a morte de Khomeini, em 1989. "A revolução é responsável direta pelo isolamento internacional de Teerã", disse Trita Parsi, presidente do Conselho Iraniano-Americano, citando as várias rodadas de sanções econômicas e comerciais impostas ao Irã e até hoje em vigor. [...] Mesmo assim, o Irã é visto como um país indispensável no Oriente Médio devido a seu tamanho e localização, seus recursos naturais e seus contatos privilegiados com grupos radicais influentes. "O governo sente a pressão externa, e muitos segmentos da sociedade iraniana estão em descompasso com os aiatolás. Mas o regime está firme e forte", afirma Parsi.

Poucos no Ocidente conhecem as bases e fundamentos de poder do Aiatolá Supremo, o jurisconsulto, segundo as pregações de Ruhollah Khomeini. Para compreendê-lo, é preciso atentar para os fundamentos religiosos e políticos do governo teocrático e os condicionamentos das ações dos atuais líderes de Teerã. O país pratica oficialmente a religião muçulmana xiita desde 1501, mas a interpretação do poder delegado pela divindade é dos anos 1970.

Doze Imames são considerados sucessores legítimos de Maomé. Os xiitas acreditam que o décimo segundo imame, Muhammad al-Mahdi, encontra-se encoberto e só regressará no fim dos tempos. Este imame oculto é capaz de enviar mensagens aos fiéis. Durante sua ocultação, que os crentes pensam ter ocorrido no ano de 941, o infalível e messiânico imame delega a um jurisconsulto, ou seja, o líder supremo, um mandato para implementar a Sharia não apenas em assuntos pessoais e religiosos, mas também no domínio social e político. Em outras palavras, esse mandato é considerado uma extensão da autoridade exercida pelos divinos guias (os Doze Imames).

Khomeini advogava, originalmente no exílio na cidade de Najaf, no Iraque, um Estado islâmico que zelaria pela adesão e a fiel implementação da Sharia. No final de sua vida, o líder supremo levou essa doutrina ainda mais longe, afirmando que não seria necessário ater-se aos preceitos da Sharia caso ela estivesse em conflito com o bem-estar da sociedade e seus melhores interesses. Não fica clara a definição exata da natureza desses conflitos, mas, na prática, o líder supremo é o árbitro final de tudo. Esta foi a doutrina (Wilayat Al Faqih) promulgada pelo aiatolá Ruhollah Khomeini, que, até hoje, constitui o fundamento do poder no Irã.

Porém, esta unção divina não significa que o líder supremo (ou Rahbar, na língua farsi) deixe de ser um político ou que não precise fazer alianças, tomar decisões delicadas, enfrentar rivalidades, ouvir conselhos e consolidar seu poder. Há indicações fortes de que o segundo líder supremo, Ali Khamenei, demorou vários anos para consolidar plenamente seu poder. Tudo indica que o líder supremo tem uma concepção nitidamente conservadora e que sua principal base de apoio é a linha dura dos aiatolás com a qual tem uma relação de dependência mútua. Especial influência provém igualmente da Guarda Revolucionária, uma instituição militar mais poderosa que o Exército, com a qual o Rahbar tem uma parceria no exercício do poder. Foi a Guarda Revolucionária que deu cobertura ao subsequente expurgo dos moderados e pragmáticos dentro da própria liderança iraniana. Não foi sem propósito que uma parte substancial de postos vitais do ministério que Ahmadinejad nomeou tenha sido constituída por membros da Guarda e integrantes dos serviços de inteligência e segurança. Reeleito presidente à força, Ahmadinejad era visto naquele momento como uma garantia de fidelidade à linha dura. Foi em sua gestão que se realizou a chamada Declaração de Teerã, firmada entre Irã, Brasil e Turquia.

O Movimento Verde, que foi às ruas protestar contra essa aparente fraude da reeleição não representava necessariamente a maioria expressiva da sociedade iraniana. Há nesse país, ao que parece, muitos que apoiam o regime ou que, pelo menos, não preconizam sua queda, ainda que possam discordar dele em alguns pontos. Foi a Guarda Revolucionária que reprimiu brutalmente o Movimento Verde de junho de 2009, o qual, insurgindo-se contra a provavelmente fraudada reeleição de Mahmoud Ahmadinejah, criou a mais forte ameaça ao regime até hoje.

Na realidade, o prestígio de Ahmadinejad nos centros de poder iranianos foi diminuindo gradualmente e sua imagem internacional passou a ser a de um pária, especialmente quando, em diversos discursos, negou a existência do Holocausto.

4

A geopolítica do Irã

Robert Kaplan afirma, em seu importante livro *The Revenge of Geography*, que "no palácio dos imperadores Sassânidas no século IV havia cadeiras vazias atrás do trono para os imperadores de Roma e da China, caso eles viessem prestar vassalagem. Estas pretensões dos governantes iranianos não diminuíram hoje e, nesse sentido, os aiatolás são iguais ao xá".

A geografia do Irã e sua inserção milenar no Oriente Médio formam a base da sua geopolítica. Essa geografia lhe dá importantes trunfos geopolíticos. O planalto iraniano abriga um único país desde a Antiguidade, diferentemente da maioria dos países da península Arábica, cujas fronteiras foram basicamente delineadas pelas potências coloniais até poucas dezenas de anos atrás, formando uma colcha de retalhos em que o petróleo serviu de argamassa e fonte de incomensurável riqueza.

Outro ativo geopolítico de peso de que dispõe o Irã é seu longo litoral sul que bordeja o Golfo Pérsico desde o Shatt al-Arab, na fronteira com o Iraque, no topo do golfo, até o estreito de Ormuz na sua saída. Nenhum dos países da região tem um litoral dessa extensão. A importância estratégica do estreito se deve principalmente ao fato de ser a mais importante rota de escoamento do tráfego marítimo petroleiro mundial (entre um terço e 40%). O Irã tem presença militar ativa nessa área e pode ter um trunfo militar considerável em caso de conflito bélico, especialmente na hipótese de ataques israelenses e americanos às suas instalações nucleares.

Com esses ativos, o Irã vem tentando tornar-se um ponto importante no Oriente Médio e, em especial, um modelo para as massas árabes que se levantaram recentemente contra seus regimes autocráticos. O petróleo e o gás são dois de seus principais instrumentos. A capacidade de desenvolver armas nucleares multiplicaria o peso regional do Irã, desestabilizando o Oriente Médio e até mesmo permitindo uma expansão de suas fronteiras.

Em matéria de petróleo e gás, o Irã é uma das maiores potências energéticas do mundo, com enormes reservas de petróleo de 130 bilhões de barris, e a segunda maior produção de gás natural. Dados da U.S. Energy Information Administration (EIA) mostram que, desde o final do primeiro trimestre de

2013, o Irã foi classificado como o país que detém a quarta maior reserva provada[2] de petróleo no mundo, tendo aproximadamente 154 bilhões de barris, o que equivale a 9% do total das reservas mundiais e pouco mais de 12% das reservas da OPEP.

Porém, essas reservas em terra sofreram uma taxa relativamente alta de declínio natural juntamente com uma baixa taxa de recuperação, o que criou uma combinação tóxica, levando a um declínio contínuo da capacidade de produção desses campos nos últimos tempos.

Em perspectiva, o Irã possui também reservas *offshore* no mar Cáspio, ao norte, num total de cerca de 100 bilhões de barris que, embora ainda não explorados, tendem a se tornar cada vez mais importantes para o futuro energético do país a médio e longo prazo, já que os campos *onshore* passam por uma desaceleração produtiva.

Em termos de produção, 2012 foi o ano em que os freios foram puxados por efeito das sanções internacionais com a resultante queda na produção a partir do mês de agosto, que ficou abaixo da do Iraque pela primeira vez. Todavia, malgrado essa queda substancial na produção ao longo de 2012 e 2013, o Irã continuou a ocupar lugar elevado nas tabelas de produção da OPEP.

O projeto iraniano é aumentar a produção de óleo para 5 milhões de barris por dia até o final de

2015. Para cumprir essa meta, o Irã montou um programa de investimentos no valor de 35 bilhões de dólares por ano. É evidente, porém, que tanto em termos financeiros quanto em termos de mercado e de obtenção de tecnologia, o Irã só poderá atingir esse ambicioso projeto se as sanções internacionais forem atenuadas ou mesmo eliminadas. Apesar disso, as riquezas em petróleo e gás natural do Irã já atraem, mesmo que ainda teoricamente, as empresas petrolíferas ocidentais que estão se antecipando às negociações internacionais.

As exportações de petróleo do Irã sofreram fortemente o efeito das sanções. O país que já ocupara a posição de terceiro maior exportador de petróleo bruto do mundo, depois de ver suas exportações diminuírem para 1,5 milhão de barris por dia em 2012, perdeu seu lugar no ranking dos dez maiores exportadores, ficando atrás de países como a Venezuela, a Arábia Saudita e o Canadá, de acordo com o *Oil and Gas Journal*. No ano de 2012, "a receita das exportações líquidas de petróleo do Irã totalizou cerca de 69 bilhões de dólares, significativamente menores do que os 95 bilhões de dólares" gerados em 2011. "De acordo com a Economist Intelligence Unit, as exportações de petróleo representam cerca de 80% do total das receitas de exportação do Irã e mais da metade da receita do governo central." Este é um dado fundamental para se compreender que, ao ferir gravemente a capacidade de exportação do Irã, as sanções do Conselho de Segurança da ONU tiveram um profundo efeito negativo sobre o país.[3]

Até o recrudescimento das sanções, o Irã vinha conduzindo uma política ativa, que buscava explorar o vácuo criado pela partida das tropas americanas do Iraque, valendo-se da maioria xiita que habita esse país. Concomitantemente, o país vem exercendo um papel atuante em sua fronteira oriental com o Afeganistão, empenhando-se em uma aproximação com os talibás a fim de acelerar a partida definitiva dos americanos e seus aliados da OTAN. Por outro lado, o Irã vem procurando orientar as insurgências no mundo árabe a seu favor. Sua ambição é assumir uma liderança intelectual e geopolítica na agitação que percorre essa região.

Tudo isso tem impacto direto no conflito de Israel com os palestinos, uma questão na qual o Irã vem interferindo, especialmente por meio do apoio político e militar que oferece à Síria; ao Hamas, em Gaza; e ao Hizbollah, no Líbano. Mas Teerã precisa sempre enfrentar as dificuldades que se apresentam para um país persa e xiita tentando operar numa localidade onde a maioria dos habitantes é árabe e sunita. Assim, essa combinação entre geografia, demografia e recursos faz com que o Irã permaneça no âmago de uma intensa competição política no Oriente Médio. Nessa região, a história e a religião são questões centrais.

Nestas duas categorias seculares e profundas ancora--se a suspeição que os persas geram entre os árabes. Delas também advém o profundo antagonismo entre xiitas e sunitas.

5

O Irã e a não proliferação nuclear

A história do programa nuclear iranianio e os vários tipos de relação que os países ocidentais tiveram historicamente com ele são questões cruciais se levarmos em conta que esse programa é considerado uma das principais ameaças para a segurança internacional. Neste capítulo serão analisadas as origens das ambições nucleares iranianas, a retomada dos seus sonhos nucleares e a evolução da crise diplomática entre o Irã e as maiores potências mundiais entre 2002 e 2009, véspera da Declaração de Teerã, o acordo tripartite entre Turquia, Brasil e Irã, firmado em 17 de maio de 2010.

O Irã representa uma ameaça à ordem nuclear global?

Como país-membro do Tratado de Não Proliferação Nuclear e parte de quase todas as convenções sobre as armas de destruição em massa, ele tem o direito de dominar o ciclo completo da produção de combustível nuclear?

Quais são as razões que levariam o Irã a precisar de uma arma nuclear?

Estas são perguntas primordiais. Existe uma vasta literatura sobre o assunto, mas há grandes divergências sobre temática tão sensível que envolve energia, equilíbrios regionais e globais, as relações entre o Ocidente e um país muçulmano. O objetivo das próximas páginas será entender o caso iraniano e a sua relevância no cenário internacional.

A longa trajetória do programa nuclear iraniano começou em 1957, quando o xá Reza Pahlevi estimulou estudos no campo atômico na Universidade de Teerã. Naquela época, como também hoje, o Irã — assim como outros países do chamado mundo em desenvolvimento — apresentava duas justificativas para iniciar um projeto nuclear. A primeira, como ficou evidente a partir da década de 1960, era de natureza econômica e industrial. Com o objetivo de não subtrair às exportações crescentes quantidades de petróleo, o governo iraniano decidiu diversificar a própria matriz energética nacional de maneira radical e, naquela época, inovadora. A segunda razão, não oficial, era ligada à necessidade de adquirir armas atômicas, pelo menos em potencial, ou seja, obter a capacitação científica e tecnológica para construí-las. Essa capacidade podia permitir a Teerã consolidar o papel de potência regional no Oriente Médio, com poder de dissuasão (*deterrence* é o termo em inglês) em relação aos países fronteiriços, assim como, na época, em relação à União Soviética.

Para entender a estratégia iraniana antes e depois da Revolução Islâmica de 1979 é preciso compreender seus três principais campos de interesse. Em primeiro lugar, historicamente o Irã estava — e está — interessado em adquirir a supremacia militar e econômica na área do Golfo Pérsico, onde é tradicional a latente hostilidade entre os países árabes da região, como Iraque, Arábia Saudita, Omã e Emirados Árabes Unidos. Claramente depois de 1979, a tradicional aliança com Israel, um Estado não árabe da área, foi substituída por uma áspera e crescente inimizade.

O segundo interesse estava ligado às dinâmicas da Guerra Fria. Principal aliado de Washington no Oriente Médio — sobretudo depois do golpe de Estado em 1953 contra o governo nacionalista de Mossadegh apoiado pelos serviços de inteligência norte-americanos —, o Irã percebia a União Soviética como uma constante ameaça, apesar dos tratados políticos e econômicos bilaterais que tentavam normalizar as relações entre os países vizinhos. Da mesma forma, a área era potencialmente turbulenta. O Afeganistão, apesar da instabilidade interna, apresentava uma crescente simpatia por Moscou. Por outro lado, o conflito entre o Paquistão e a Índia — que na década de 1990 acabou elevando-se a uma rivalidade entre países nuclearmente armados — parecia insuscetível de solução.

O terceiro campo de interesse era de porte global. O Irã dos anos 1950 e começo dos anos 1960 era um país essencialmente rural, pouco industrializado e com uma população alfabetizada somente nas áreas urbanas. Com o objetivo de tornar o Irã uma grande potência econômica e industrial, o xá começou em 1963 a chamada Revolução Branca, conhecida assim por não ter tido derramamento de sangue. Não muito diferente do que acontecia no Brasil na mesma época, o governo iraniano adotou — contando com a colaboração dos Estados Unidos — um plano de modernização da economia e da infraestrutura com a finalidade de alcançar o grau de desenvolvimento dos principais países da Europa Ocidental e da América do Norte. A Revolução Branca era um plano ambicioso e de custos elevadíssimos que, a partir da década de 1970, incluiu também o desenvolvimento de um faraônico programa nuclear.

Apesar do acordo de cooperação entre Irã e Estados Unidos para o uso pacífico da energia atômica, até o início dos anos 1970 o governo iraniano limitou seus esforços na área nuclear a um pequeno reator de pesquisa na Universidade de Teerã. Naquele período, o Irã não tinha ambições de se tornar uma potência nuclearmente armada, como demonstraria sua adesão imediata ao Tratado de Não Proliferação de Armas Nucleares (TNP) em 1970, confirmada em 1974 com a ratificação do acordo de salvaguardas com a Agência Internacional de Energia Atômica (AIEA). Como foi recentemente notado pelo historiador americano Jacob Hamblin, as pretensões iranianas na área nuclear fortaleceram-se depois da crise petrolífera de 1973, quando, com o repentino aumento do preço do petróleo, o governo iraniano tomou a decisão de expandir seu programa atômico por meio da construção de numerosas usinas nucleares e da aquisição do ciclo de produção do combustível nuclear. Esse renovado interesse na energia nuclear tinha suas raízes na necessidade de diversificar a matriz energética nacional e compensar, no longo prazo, o petróleo subtraído ao mercado doméstico por causa de um novo e provável embargo petrolífero imposto pelos países árabes. Por essa razão, os Estados Unidos e os principais países europeus (principalmente Grã-Bretanha, França e Alemanha Ocidental) apoiaram o projeto nuclear iraniano — lucrativo também para a indústria de componentes do Ocidente — e garantiram a colaboração de seus próprios centros de pesquisa para o desenvolvimento do setor atômico de Teerã.

    O primeiro sinal dessa colaboração foi a contratação da companhia alemã Kraftwerk Union (KWU)

— a mesma que colaborava então com o Brasil — para a construção de uma usina atômica em Bushehr, no Golfo Pérsico. A KWU comprometeu-se com a instalação de dois reatores Siemens com uma potência de 1.200 MW. Em 1975, a França iniciou o desenvolvimento do projeto de um centro de treinamento em Isfahan para cientistas e técnicos da central de Bushehr.

Naquele momento, todavia, como notado pelo especialista americano William Burr, os Estados Unidos e os principais países europeus já percebiam o Irã como um possível proliferador de armas nucleares. Os governos ocidentais certamente duvidavam das intenções exclusivamente pacíficas do xá, que havia declarado que o Irã podia ter um dia sua própria arma atômica. Foi a partir de 1976, quando o Congresso americano passou a dar mais atenção à proliferação de armas atômicas, que as relações entre Teerã e Washington no âmbito nuclear começaram a ser mais enfaticamente questionadas.

O Irã era um aliado estratégico para os países europeus em plena crise econômica. Em 1974, o Irã investiu um bilhão de dólares na construção da planta comercial de enriquecimento de urânio, controlada pelo consórcio europeu Eurodif, aumentando posteriormente sua participação na empresa considerada crucial para o desenvolvimento da indústria nuclear na Europa e no Irã.

No mês de julho de 1978, poucos meses antes da Revolução Islâmica, Washington e Teerã assinaram um ambicioso acordo para o fornecimento de oito reatores nucleares, a venda de combustível nuclear e a tecnologia necessária para atividades de pesquisa, excluindo, todavia, as tecnologias sensíveis de enriquecimento e reprocessamento. No mesmo período, a África do Sul começou a prover urânio natural para o Irã, Israel fortaleceu a cooperação com o xá nessa área e o governo iraniano contratou a companhia francesa Framatome para construir a segunda central nuclear do país, em Darkhovin.

Graças à abertura dos documentos estadunidenses da época e dos testemunhos dos protagonistas do projeto iraniano antes da Revolução Islâmica, pode-se reconhecer a ambiguidade das ambições do xá. O monarca persa, de fato, acreditava na necessidade de possuir — apesar de contar com a presença de Forças Armadas poderosas, as mais bem equipadas da região — um arsenal nuclear que seguisse a lógica da dissuasão. Em mais de uma ocasião, ele revelou que o desenvolvimento de artefatos atômicos por países próximos como Israel e Índia — o que realmente aconteceu entre o final dos anos 1960 e a primeira metade da década de 1970 — levava o governo iraniano a cogitar a obtenção da arma atômica com a finalidade de não permitir a alteração dos equilíbrios regionais de poder contra os interesses do Irã.

Por essa razão, é possível pensar que, sem a revolução que derrubou a monarquia persa, o xá provavelmente optaria pelo desenvolvimento de um arsenal nuclear nacional antes do fim da década de 1980, adquirindo então o domínio completo do ciclo nuclear graças à cooperação com os países ocidentais. Essa possibilidade preocupava os parceiros do governo iraniano, principalmente a Alemanha, a França e os Estados Unidos, que sempre se recusaram a transferir para o Irã tecnologias sensíveis que capacitassem Teerã para a produção de artefatos nucleares.

As ambições nucleares do xá tiveram, no curto prazo, importantes consequências para o regime de não proliferação nuclear. De um lado, o xá defendeu enfaticamente o direito do Irã, país signatário do TNP, de dominar o ciclo de produção do combustível nuclear utilizando argumentos que foram retomados, várias décadas depois, pela diplomacia da República Islâmica e por outros países críticos das políticas de não proliferação impostas pelos governos de países industrializados. De outro lado, a decisão de Reza Pahlevi de nuclearizar o Irã desencadeou um efeito dominó na região. Vale notar que o Iraque, governado por Saddam Hussein, decidiu começar o próprio programa atômico com o objetivo de conter qualquer ameaça persa.

* * *

Com a Revolução Islâmica, em fevereiro de 1979, o programa nuclear sofreu uma repentina paralisação. Uma das primeiras decisões do novo governo iraniano foi cancelar o projeto da usina de Ahvaz e congelar a construção da central de Bushehr. Duas motivações explicam a mudança da política de Teerã. A primeira está ligada à segurança nacional. Em setembro de 1980, o Iraque atacou o Irã, começando um longo conflito que foi concluído somente em 1988. Ao longo dos anos 1980, o Iraque — talvez com um apoio sub-reptício de brasileiros, embora isso nunca tenha sido confirmado — tentou sem sucesso ter seu próprio arsenal nuclear, por meio de um projeto atômico secreto. A ameaça iraquiana para o Irã acabou em 1981, com o ataque de Israel ao reator de Osirak e, sobretudo, tempos depois, com a Primeira Guerra do Golfo, em 1991.

As exigências bélicas desse conflito conduziram o governo iraniano a investir todos os recursos econômicos na compra de armamentos, subtraindo assim os financiamentos antes destinados ao projeto nuclear. Além disso, alvo de seis ataques, a central de Bushehr foi praticamente destruída.

Mas foram motivações ideológicas, mais do que militares, que explicaram a parcial renúncia à energia nuclear. O aiatolá Khomeini, guia supremo iraniano, expressou em diferentes ocasiões pareceres negativos em relação à energia nuclear e condenou as armas atômicas. Se este posicionamento era por um lado identificável com a moral islâmica, por outro pode ser entendido como uma ruptura em relação ao processo de modernização promovido pelo xá. Além disso, qualquer atividade que tivesse como objetivo a retomada do programa nuclear poderia provocar uma reação por parte dos países ocidentais, alterar o equilíbrio militar com o Iraque e, por conseguinte, a conclusão da guerra. Por essas razões, Khomeini utilizou o dogma religioso para impedir os comandos militares de desenvolverem armas nucleares.

Todavia, o uso de armas químicas por parte dos iraquianos e a ausência de ações firmes dos ocidentais contra Bagdá conduziram o governo iraniano a repensar o possível desenvolvimento do setor nuclear.

A partir de 1984, o Irã reabriu alguns laboratórios de pesquisa, provendo-os com a estrutura e os equipamentos adequados para dominar algumas fases da produção do combustível (conversão e produção) necessárias para alimentar as centrais nucleares. O principal problema do Irã, vista a relutância dos países ocidentais e a rígida política de não proliferação nuclear das administrações Reagan e Bush, era encontrar um possível colaborador para seus projetos atômicos. Por essa razão, ao longo da segunda metade da década de 1980, o governo iraniano começou a cooperar com o Paquistão, cuja assistência revelou-se crucial para a evolução do programa nuclear, sobretudo por causa da participação do especialista atômico paquistanês Abdul Qadeer Khan, que já havia criado uma ampla rede de suprimentos clandestinos a diversos países na aquisição das tecnologias necessárias para enriquecer o urânio. Essa parceria gerou graves suspeitas sobre a natureza não exclusivamente civil do programa iraniano.

Com o final do conflito com o Iraque (1988) e a morte do aiatolá Khomeini em 1989, cessou a política de guerra da República Islâmica do Irã. Graças a novas exigências energéticas, ligadas à retomada da indústria petrolífera nacional e à reconstrução do país, renovou-se o interesse de uma parte da classe política pela energia nuclear. Por iniciativa do então presidente Hashemi Rafsanjani, o governo de Teerã decidiu reiniciar a construção da central de Bushehr, a única que recebera investimentos antes da Revolução Islâmica no que diz respeito a projetos e infraestrutura.

Ao longo da década de 1990, apesar da formal adesão às principais normas internacionais de não proliferação de armas nucleares, o Irã continuou incrementando atividades de pesquisa não declaradas para dominar as tecnologias de conversão, reprocessamento e enriquecimento, e intensificou os esforços para adquirir usinas nucleares, reatores de pesquisas e equipamentos para o ciclo de produção do combustível nuclear. Os Estados Unidos e a Grã-Bretanha, entre outros países, começaram a expressar suas dúvidas sobre a natureza e a finalidade do programa nuclear iraniano. Na tentativa de refutar qualquer acusação, o governo iraniano convidou — em 1992 e em 1993 — a Agência Internacional de Energia Atômica (AIEA) para visitar as instalações nucleares do país. Ainda que os inspetores internacionais não tenham encontrado nenhuma prova de atividades não declaradas, o relatório da AIEA especificou que Teerã não havia autorizado inspeções abrangentes e completas. Como consequência desse clima de desconfiança e de hostilidade, os Estados Unidos continuaram se opondo a toda e qualquer forma de colaboração entre o Irã e os governos estrangeiros, o que pode ser confirmado pelo fim das negociações de Teerã com Bonn, Nova Déli e Buenos Aires para retomar a construção da usina de Bushehr e adquirir um reator a água pesada, assim como a tecnologia necessária para produzir material físsil.

Os esforços norte-americanos, todavia, mostraram-se pouco eficazes no caso da colaboração do Irã com a China e a Rússia, que assinaram tratados em 1991 e 1992, respectivamente. O governo de Moscou firmou um acordo para colaborar na reconstrução do reator de Bushehr. As assistências russa e chinesa, que duraram até o final da década de 1990, foram determinantes nessa fase do programa e representam ainda hoje grande importância na evolução das ambições nucleares do Irã, visto que forneceram tecnologia e conhecimentos cruciais para o setor atômico persa.

Se, ao longo dos anos 1990, Washington continuou com uma política de hostilidade em relação à República Islâmica e ao seu programa nuclear, os países da Europa Ocidental optaram por uma estratégia mais conciliadora, dominada por um "diálogo crítico". A abordagem europeia baseava-se na ideia de manter consistentes relações comerciais com o Irã, envolvendo-o, ao mesmo tempo, em tratativas sobre grandes temas sensíveis no relacionamento com a comunidade internacional, com a finalidade de fortalecer as tendências e os segmentos mais moderados do regime iraniano. Depois da vitória do candidato reformista Mohammad Khatami nas eleições presidenciais de junho de 1997, essa iniciativa adquiriu maior força e conseguiu incluir o Irã nas discussões sobre o tema da não proliferação.

6

Crise internacional e recrudescimento das sanções

Foi nesse contexto de cooperação e diálogo da Europa ocidental com o Irã que um membro dissidente do Conselho da Resistência Iraniana revelou para a AIEA que atividades secretas estavam sendo desenvolvidas tanto na central de Bushehr quanto em outros dois centros nucleares iranianos.

Em dezembro de 2002, o Institute for Science and International Security (ISIS) identificou esses centros. Um ficava em Natanz, onde existia uma usina para o enriquecimento de urânio, e outro em Arak, onde funcionava um reator a água pesada e um laboratório para o reprocessamento de material irradiado.

Essas revelações representaram o começo da crise internacional sobre o programa nuclear iraniano, ainda hoje não resolvida.

* * *

As descobertas de 2002 alimentaram graves suspeitas sobre a natureza e o grau de avanço do programa nuclear iraniano, induzindo o diretor-geral da AIEA, Mohamed ElBaradei, a autorizar uma nova série de inspeções no Irã em 2003. Ao longo das inspeções, as autoridades iranianas anunciaram publicamente a existência de uma central-piloto para o enriquecimento de urânio em Natanz e confirmaram que um reator nuclear a água pesada estava sendo construído em Arak. A AIEA então aumentou a pressão para que o governo iraniano assinasse o Protocolo Adicional ao Acordo de Salvaguardas, que garantiria para a Agência o direito de conduzir inspeções em todo local considerado suspeito e com pré-aviso mínimo — e ainda para que o Irã fornecesse evidências concretas sobre as finalidades pacíficas de seu programa nuclear.

Foi nessa fase que a França, a Alemanha e a Grã-Bretanha — os três países europeus chamados de E3 — assumiram um papel central na questão, conduzindo as negociações com a República Islâmica e evitando que a AIEA invocasse a intervenção do Conselho de Segurança das Nações Unidas por causa do não respeito ao Tratado de Não Proliferação de Armas Nucleares (TNP).

No dia 22 de outubro de 2003, os E3 chegaram a um acordo com Teerã: o Irã comprometia-se a suspender o enriquecimento de urânio e o reprocessamento de material irradiado, e implementaria de maneira facultativa o Protocolo Adicional que, apesar de ter sido assinado pelos representantes do governo, não tinha sido ratificado pelo Parlamento iraniano. Em troca, obteria o reconhecimento de seu direito à pesquisa em âmbito nuclear e teria a disponibilidade dos países europeus para discutir condições de acesso preferencial à tecnologia necessária.

Em novembro de 2004, os E3 — que se tornaram EU3 graças ao apoio direto do Alto Representante para a Política Externa e de Segurança Comum da União Europeia, Javier Solana — ultrapassaram a fase de impasses nas negociações, assinando um acordo com o Irã em Paris. As negociações, todavia, foram novamente paralisadas. Os europeus não conseguiram definir incentivos suficientes e o Irã omitiu algumas informações sobre o desenvolvimento de seu programa.

Em setembro de 2005, por causa da paralisação dessa nova rodada de negociações, a AIEA aprovou uma resolução em que afirmou não existirem evidências de que o programa nuclear iraniano fosse exclusivamente para fins pacíficos e em que pedia a intervenção do Conselho de Segurança das Nações Unidas. A resolução da AIEA, juntamente com as sanções econômicas decretadas pelo governo dos Estados Unidos em junho deste mesmo ano, abriu caminho para o endurecimento do debate entre o Irã e a comunidade internacional, que pedia garantias verificáveis sobre a natureza pacífica do programa. Nesse momento, a posição europeia alinhou-se aos Estados Unidos e levou para o Conselho de Segurança da ONU a questão nuclear iraniana.

Em janeiro de 2006, o Irã anunciou a retomada das atividades de pesquisa em enriquecimento do urânio, decisão que ElBaradei definiu em suas memórias como um "risco calculado". "Os iranianos não imaginavam", escreveu o então diretor-geral da AIEA, "que o Conselho de Segurança iria impor sanções por causa de uma usina-piloto. Eles confiavam que não haveria repercussões negativas, que as negociações com os europeus iriam recomeçar e que, na fase final, encontrariam um compromisso para a moratória sobre o enriquecimento de urânio a nível industrial".[4] Com base nestas considerações, no momento em que a AIEA solicitou a intervenção do Conselho de Segurança, as autoridades de Teerã decidiram suspender a adesão às normas do Protocolo Adicional.

Ao longo dos três anos seguintes, as previsões do regime de Teerã, que se tornara mais radical com a eleição do presidente Mahmoud Ahmadinejad em 2005, confirmaram-se erradas. No período entre julho de 2006 e outubro de 2009, o Conselho de Segurança aprovou três resoluções de condenação ao programa nuclear iraniano e às atividades de enriquecimento de urânio, impondo uma série de sanções contra o governo persa. Paralelamente a essa política punitiva, os membros do Conselho de Segurança e a Alemanha (os chamados P5+1) continuaram as negociações com

Teerã, através da *dual track strategy* que caracterizou a política ocidental de 2006 até os dias de hoje.

Seguindo a *dual track strategy*, em duas ocasiões entre 2005 e 2009 os P5+1 apresentaram meios para resolver a crise nuclear iraniana. Em junho de 2006, paralelamente à primeira rodada de sanções, houve a seguinte proposta: em troca do compromisso iraniano de não enriquecer urânio, não reprocessar material irradiado e respeitar o Protocolo Adicional, os P5+1 forneceriam tecnologias avançadas para seu programa nuclear civil. O governo iraniano recebeu negativamente a proposta e continuou com o desenvolvimento de tecnologias sensíveis.

Como reação às revelações feitas aos Estados Unidos, Grã-Bretanha e França relativas a um programa nuclear secreto para fins bélicos e ao descobrimento de uma usina não declarada de enriquecimento de urânio em Fordow, perto de Qom, o governo iraniano decidiu voltar à mesa de negociações. Depois de longas discussões entre diplomatas iranianos e os P5+1 em Genebra, em outubro de 2009 chegou-se a um pré-acordo que permitiria à AIEA inspecionar a usina de Fordow, cujas atividades seriam suspensas. Em troca, o governo de Teerã, através do chamado *fuel swap agreement*, poderia enviar para a Rússia e a França uma quantidade de urânio levemente enriquecido — na época 1.200 kg — produzido em Fordow para que fosse transformado em combustível para o reator de pesquisa de Teerã.

A forte oposição interna ao pré-acordo de Genebra levou a diplomacia iraniana a rever sua posição, pedindo uma solução mais vantajosa para o Irã, mas não aceitável pela diplomacia dos países ocidentais e, a partir daquele momento, também pela China e pela Rússia. A rejeição ao acordo de Genebra em outubro de 2009, e de todos os acordos anteriores, levou grande parte da comunidade internacional a considerar as manobras diplomáticas iranianas como parte de uma estratégia para ganhar tempo, possibilitando ao Irã dominar o ciclo de produção do combustível nuclear e produzir material suficiente para dispor de um pequeno arsenal nuclear que pudesse servir como fator de dissuasão contra eventuais ataques. A reação dos P5+1 foi emitir novas e mais agressivas sanções econômicas contra o governo iraniano.

A partir de 2009, na administração do presidente Barack Obama, os Estados Unidos conseguiram expandir o caráter multilateral da política coercitiva em relação ao regime iraniano. Pela primeira vez em muitos anos, também os países europeus foram convencidos a adotar posições contrárias aos seus próprios interesses econômicos, incluindo restrições à importação de petróleo iraniano. Isso, todavia, não conduziu o Irã a uma revisão de suas ambições no âmbito nuclear, sobretudo por causa do apoio que até 2010 a China e a Rússia garantiram ao direito iraniano de enriquecer urânio.

Ainda que membro do Tratado de Não Proliferação Nuclear, o Irã — com sua ambiguidade — aumentou a desconfiança de muitos países em relação às suas verdadeiras intenções. Ao longo dos últimos anos, a comunidade internacional ficou dividida entre Estados que reconheciam o direito persa de desenvolver todas as tecnologias necessárias para dominar o átomo com finalidades civis e Estados que consideravam o Irã um *rogue State* (um Estado marginal), cujo objetivo era construir um arsenal nuclear com o qual pudesse ameaçar outros países da região e, mais particularmente, Israel. Assim, de acordo com o cientista político britânico William Walker, o Irã passou a constituir um sério perigo para a estabilidade internacional.

O Tratado de Não Proliferação de 1967 reconheceu a cinco Estados (os cinco membros permanentes do Conselho de Segurança da ONU — China, França, Rússia, Reino Unido e Estados Unidos) o status de detentores de armas nucleares. O Tratado contém basicamente três pilares: 1. a não proliferação de armas nucleares; 2. o desarmamento dos atuais detentores; e 3. o direito ao uso pacífico da energia nuclear.

Porém, a proliferação ocorreu, já que a Índia, o Paquistão, Israel (que nunca admitiu possuir armas nucleares) e a Coreia do Norte detêm tais armas. Na verdade, não houve nenhuma reação forte por parte das grandes potências a esse fato, ou pelo menos elas não ultrapassaram o campo das palavras condenatórias. O desarmamento dos países nucleares, que era a contrapartida da renúncia da proliferação dos demais, nunca ocorreu. O direito ao uso pacífico da energia nuclear é a base da política de numerosos países, incluindo o Brasil. No caso do Irã, esse direito tem sido a defesa principal na qual o país busca refúgio e justifica todo o seu amplo programa nuclear. Parece improvável que o Irã renuncie a esse direito, a menos que, como fez a Coreia do Norte, rompa com o Tratado e admita estar confeccionando artefatos nucleares ou até mesmo conduzindo testes subterrâneos.

Tal movimento seria altamente arriscado, porque muito provavelmente provocaria uma ação militar dos Estados Unidos e de Israel. Mas será que a sociedade iraniana não partilha a ideia de que, se a Índia, o Paquistão e Israel dotaram-se de armas nucleares, sendo que figuram na mesma órbita geopolítica de seu país, o Irã também não deve possuí-las? O regime iraniano não considera a posse de armas nucleares um objetivo fundamental? Se a resposta para essas interrogações for positiva, restam duas alternativas para os Estados Unidos e seus aliados, especialmente Israel: a contenção do Irã ou o ataque militar. Sobre esse assunto, escreveu Matthew Kroening na importante revista *Foreign Affairs*:

Os assessores de Obama dizem que ele está totalmente comprometido a impedir uma carreira armamentista nuclear no Oriente Médio e a usar a força, se necessário, para impedir que Teerã obtenha uma bomba. Felizmente, a situação ainda não está nesse ponto e existe a possibilidade de uma solução diplomática favorável à crise. Mas, se esses esforços falharem, ninguém — e em particular os líderes iranianos — deve se iludir sobre o que acontecerá depois.

O programa nuclear visa a dotar o Irã de um instrumento nuclear de dissuasão e poder. Trata-se de esforço estratégico para quebrar um isolamento que persiste há 3 mil anos. George Perkovich, vice-presidente de pesquisas e diretor do Nuclear Policy Program do importante *think tank* Carnegie Endowment for International Peace, de Washington, declarou recentemente: "O mundo seria um lugar mais seguro se o Irã não enriquecesse urânio, mas, ao contrário dos argumentos que os falcões apresentam, os Estados Unidos não estão em posição de prevenir que eles o façam."[5]

Esta posição espelha as dúvidas que as negociações com o Irã suscitam nos meios intelectuais americanos.

No final de 2009, em meio a conversações com a AIEA, o Irã declarou que aceitaria a possibilidade de trocar urânio por combustível nuclear para seu reator de pesquisa em Bushehr, que produziria isótopos radioativos para serem utilizados em diagnósticos e tratamentos médicos. Mediante a aprovação dos Estados Unidos, da Rússia e da França, a AIEA promoveu um encontro em Viena para discutir o projeto, preparando uma minuta de acordo para enriquecimento do urânio na Rússia e sua posterior transformação em combustível na França. Essa minuta continha inúmeras cláusulas de garantias. O Irã queria que a troca fosse simultânea e feita em seu próprio território. O diretor-geral da AIEA, Mohamed ElBaradei, propôs que o urânio fracamente enriquecido (LEU) fosse então embarcado para um terceiro país, possivelmente a Turquia, e que lá permanecesse sob a custódia da Agência até que o combustível fosse finalmente enviado ao Irã.

O então secretário do Conselho Supremo da Segurança Nacional iraniana, Saeed Jalili, disse que esperava firmar rapidamente um acordo com os ocidentais e que Teerã acolhia de boa vontade as negociações ("A República Islâmica do Irã está disposta a participar com seriedade das negociações de outubro para seguir o caminho da cooperação", disse ele em conversa telefônica para o chefe da diplomacia da União Europeia, Javier Solana). Porém, a AIEA e os 5+1 (os cinco membros permanentes do Conselho de Segurança — China, Estados Unidos, França, Reino Unido e Rússia — e a Alemanha) pactuaram que seria necessário o Irã suspender imediatamente as atividades de enriquecimento de urânio como condição para continuarem as negociações. O Irã rejeitou a proposta e começou a produzir urânio enriquecido a 20%.[6]

O histórico de sanções ao Irã, que remonta a 2006, é bem severo. A seguir, a cronologia resumida das sanções:

1ª RODADA | RESOLUÇÃO 1.737 DO CONSELHO DE SEGURANÇA DA ONU | DEZEMBRO DE 2006
• Proibiu o Irã de comercializar com qualquer país materiais, equipamentos, bens e tecnologias que pudessem contribuir com o programa nuclear iraniano.
• Estabeleceu uma lista de empresas, entidades e pessoas cujos ativos ligados ao programa nuclear foram congelados.
• Instaurou um novo comitê de sanções para monitorar o cumprimento da Resolução.
• Firmou um prazo de sessenta dias para o Irã abandonar o programa nuclear.

2ª RODADA | RESOLUÇÃO 1.747 | MARÇO DE 2007
• Ampliou a lista de ativos congelados, incluindo outras 28 empresas, instituições e pessoas na relação, inclusive o banco estatal Sepah e companhias administradas pela Guarda Revolucionária.
• Proibiu o Irã de exportar armas de qualquer tipo.
• Estabeleceu mecanismos para futuras negociações com o Irã.

3ª RODADA | RESOLUÇÃO 1.803 | MARÇO DE 2008
- Restringiu a importação de todos os itens e tecnologias de uso "dual", ou seja, tanto para uso pacífico quanto militar.
- Ampliou a relação de empresas, instituições e pessoas com ativos congelados ligados ao programa nuclear, acrescentando 25 nomes.
- Exigiu dos membros da ONU verificar a natureza de suas importações para o Irã, a fim de evitar contrabando.
- Expandiu restrições financeiras e de viagens a pessoas e companhias ligadas ao programa nuclear.

4ª RODADA | RESOLUÇÃO 1.929 | JUNHO DE 2010
- Proibiu a venda de várias categorias de armamentos pesados ao Irã, inclusive helicópteros de ataque, mísseis e navios de guerra.
- Pediu que todos os países inspecionassem, em portos e aeroportos dentro de seus territórios, cargas suspeitas de conter itens proibidos a caminho do Irã ou vindos do país.
- Acrescentou os nomes de quarenta empresas iranianas e de um alto funcionário ligado ao programa nuclear iraniano à lista de ativos congelados.

AÇÕES UNILATERAIS DOS ESTADOS UNIDOS
- Em 14 de novembro de 1979, Washington congelou ativos iranianos em bancos americanos e suas

subsidiárias após a tomada de reféns na embaixada dos Estados Unidos em Teerã.
- Um embargo econômico total foi decretado em 1995, seguido em 1996 por sanções contra empresas, independentemente de sua nacionalidade, que investissem nos setores de petróleo e gás iranianos.
- Em 2008, proibiu os bancos americanos de intermediar o trânsito de recursos financeiros com o Irã.
- Em julho de 2010, uma lei atingiu o abastecimento de gasolina ao Irã, em represália aos grupos estrangeiros que investiam no setor de petróleo iraniano.
- Sanções mais duras contra aqueles que apoiavam a indústria do petróleo no Irã ocorreram em novembro de 2011.
- Em 31 de dezembro de 2011, houve o congelamento dos bens de instituições financeiras estrangeiras que comercializavam com o Banco Central do Irã no setor de petróleo.
- Aumento das sanções contra os setores de petróleo e petroquímico do Irã em 31 de julho de 2012.
- A indústria automotiva passou a ser alvo, assim como a moeda iraniana, o rial, em 3 de junho de 2013.

SANÇÕES UNILATERAIS DA UNIÃO EUROPEIA
A União Europeia tem também uma longa lista de sanções ao Irã. Uma das mais duras é o embargo ao

petróleo e a expulsão dos bancos iranianos do sistema global eletrônico bancário, que paralisou a capacidade do Irã de comerciar com o resto do mundo. A lista de sanções inclui:

1. Proibição à assistência técnica e à transferência de tecnologia para o petróleo iraniano e aumento, na lista da ONU, de personalidades iranianas proibidas de viajar (26 de julho de 2010).
2. Congelamento dos bens de 243 entidades iranianas e inclusão, na lista da ONU, de mais quarenta pessoas, também proibidas de obter visto (maio e dezembro de 2011).
3. Imposição de embargo petrolífero contra o Irã, que entrou plenamente em vigor em 1º de julho de 2012, além do congelamento dos bens do Banco Central iraniano (23 de janeiro de 2012).
4. Proibição de transações entre bancos europeus e iranianos, com eventuais exceções, e inclusão do ministro da Energia iraniano e mais 34 empresas na lista negra da ONU (15 de outubro de 2012).
5. Mais 105 iranianos e 490 empresas foram incluídos na lista negra (21 de dezembro de 2012).

Como se pode verificar, o conjunto das sanções multilaterais e unilaterais constituiu um verdadeiro garrote no pescoço do Irã.

7

A posição do Brasil sobre energia nuclear

Com uma população de cerca de 200 milhões e um mercado consumidor em expansão, o Brasil é um alvo certo para todos os grandes produtores internacionais de bens de consumo duráveis e não duráveis, além de ser um dos maiores fornecedores de alimentos e minérios do mundo. As empresas brasileiras vêm ganhando presença nos principais mercados globais e, em diversos casos, controlam companhias-símbolo como Embraer, Vale, Ambev, Budweiser, Heinz, Burger King, entre outras. As reservas monetárias do Brasil já superam os 300 bilhões de dólares. O Produto Interno Bruto do país, em 2013, chegou a 4,84 trilhões de reais. Para 2014, o Fundo Monetário calculou que o Brasil deve ter um crescimento menor, produzindo cerca de 5,1 trilhões de reais em bens e serviços, mas mantendo a sétima colocação no ranking das nações.

Esta é a principal razão da importância crescente do nosso país no cenário internacional. O nosso papel no mundo era, até algumas décadas atrás, assunto de interesse apenas para pouquíssimos brasileiros. Hoje, pelo menos em alguns campos como meio ambiente, não proliferação nuclear e produção agrícola, o Brasil tem uma voz que se faz ouvir e resultados que impressionam.

Trata-se de uma enorme reversão em relação a um passado recente. As distâncias das fronteiras, a regionalização da política nacional e uma projeção mundial muito modesta contribuíam para o nosso isolamento. Apenas os muito ricos, os diplomatas ou os aventureiros viajavam ao exterior, e um número pouco expressivo de grandes empresas internacionais possuía investimentos no Brasil. Somente eventos internacionais extraordinários geravam interesse da opinião pública, tais como a Segunda Guerra Mundial, alguns episódios da Guerra Fria ou uma hipotética crise que pudesse ocorrer em um país vizinho. Ademais, até os anos 1970, o Brasil só exportava um punhado de produtos agrícolas, como o café (sobretudo), o açúcar, o cacau; e pouquíssimos manufaturados, como calçados, ferro-gusa, tecidos e, motivo de grande orgulho, galochas, o único produto industrial brasileiro nas lojas de Nova York.

Uma questão fundamental se colocará mais fortemente em um futuro próximo: podemos atingir um status de grande potência apenas com o *soft-power*[7] que o país tem e ainda pode desenvolver ou será necessário também aprimorar o *hard power*, isto é, uma força militar comparável talvez à da Índia? Acredito que seja mais importante que busquemos, como nação, ser uma pátria justa do que uma potência militar. Até porque, mesmo nas projeções mais otimistas, o Brasil não poderia competir em termos bélicos com as atuais grandes potências, como os Estados Unidos, a França, a Rússia, a Grã-Bretanha e a China.

A diplomacia mais enfática do governo Lula foi uma tentativa de afirmar que o país finalmente chegara à cena global e estava destinado a beneficiar-se com as mudanças em curso no sistema internacional, tornando-se uma grande potência neste século, o que é um objetivo válido. O Brasil está pronto para ocupar o lugar que lhe cabe? Nunca em nossa história estivemos em posição tão elevada na escala de prestígio internacional. São raríssimos os países que puderam exibir nos últimos quinze anos um aumento comparável de estatura internacional. Em tempos passados, vivemos sob o vaticínio de Stefan Zweig, "O Brasil é o país do futuro", frase geralmente acompanhada, com ironia, pelo complemento "e sempre será". Atualmente, essa visão defensiva já não tem lugar. Sergio Fausto e Bernardo Sorj, no importante livro *O Brasil e a governança da América Latina: que tipo de liderança é possível?*, afirmam:

O governo brasileiro construiu uma nova narrativa da ascensão do país ao primeiro time de atores globais. Neste novo relato, o jogador de tamanho médio é capaz de ser um ator relevante no tabuleiro do comércio multilateral, mas sem excedente de poder para interferir diretamente nos grandes temas.

O Brasil, como ator geopolítico regional e global, começou a dar passos mais assertivos e com pretensões mais amplas sobre seu papel no sistema internacional. Pelo simples tamanho de seu território, por sua riqueza e capacidade econômica, nosso país terá cada vez mais uma forte influência em sua região e nas questões internacionais. Uma presença brasileira de "impacto sistêmico" terá que se fazer pelo peso de sua economia e pela habilidade de seus líderes políticos e diplomáticos. Como escreveu o professor Dawisson Lopes, em importante artigo na *Folha de S.Paulo* de 10 de outubro de 2013:

> A mais importante [lição é]: não se deve esperar tolerância das grandes potências com as ações políticas empreendidas por países intermediários (em termos militares e econômicos), como Brasil e Turquia. A aquisição de credenciais para participar da gestão da ordem mundial não se dá de modo "natural". Emancipar-se e entrar para o "clube das potências" é um processo que envolve opções custosas — e não necessariamente pacíficas — para o Estado.

Sobre o posicionamento brasileiro em relação aos armamentos nucleares, o artigo de José Goldemberg é bem esclarecedor:

> Apesar da pressão crescente, Brasil e Irã não aceitaram o Protocolo Adicional, que foi objeto de uma das decisões unânimes da reunião das partes do TNP, em Nova York, em maio.
> Em relação ao Brasil, suspeitas quanto à intenção de produzir armamentos nucleares não existiam até recentemente, sobretudo porque foi feito, em 1992, um acordo com a Argentina para inspeções mútuas que é considerado exemplar e deu aos dois países grande credibilidade internacional. Apesar disso, o Brasil recusa-se a aderir ao Protocolo Adicional, levantando a bandeira da soberania nacional e argumentando que inspeções intrusivas poderiam levar à violação de segredos industriais. Esse argumento só é empregado por grupos mal informados sobre a natureza real das inspeções, que podem perfeitamente proteger tais segredos (se existirem).[8]

Isto não quer dizer, entretanto, que foi por este motivo que nos aproximamos do Irã. Ainda segundo Goldemberg, "associar-se ao Irã não [...] atende aos interesses permanentes do Brasil".

Na mente dos governantes brasileiros, havia a preocupação de que as pressões sobre o Irã acabariam por repercutir contra o programa nuclear brasileiro, criando um precedente que definisse o enriquecimento de urânio como uma atividade militar. Ora, nosso programa nuclear não é visto internacionalmente com desconfiança, nem tem nada a ver com o do Irã. Somos um país que ninguém considera suspeito de buscar armas nucleares. Nossa Constituição não nos permitiria. Há o Tratado para a Proibição de Armas Nucleares na América Latina e no Caribe, conhecido como Tratado de Tlatelolco, que entrou em vigência em 1969 e estabelece a desnuclerização deste território. Além disso, existem nossos compromissos com a Argentina por meio da ABACC (Agência Brasileiro-Argentina de Contabilidade e Materiais Nucleares), a única organização binacional de salvaguardas nucleares existente no mundo e que fiscaliza o fluxo de urânio e a operação dos reatores em ambos os países, além dos acordos com a Agência Internacional de Energia Atômica, a AIEA.

8

A Declaração de Teerã e seus personagens

Desde que o Irã começou a dotar-se de uma indústria nuclear que abrangia todo o ciclo combustível — da mineração ao enriquecimento de urânio —, os países ocidentais começaram a suspeitar de que o programa pretendia, em última análise, obter armas nucleares ou, pelo menos, a capacidade de fabricá-las. Do ponto de vista geopolítico, era realmente concebível que um país grande, mas isolado e visto com desconfiança por seus vizinhos, cogitasse desta alternativa para dissuadir inimigos e afirmar-se. A intervenção dos Estados Unidos e de seus aliados no Iraque e no Afeganistão gerou temor no Irã, considerando a profunda ruptura que havia entre os dois países desde a proclamação da República Islâmica e a tomada, por quase um ano e meio, dos reféns na Embaixada americana em Teerã, uma humilhação inesquecível para o povo americano.

Os dirigentes da República Islâmica abrigavam uma forte suspeita de que a ordem internacional, como ela então se desenhava, jogava contra o país. Sempre ameaçado por forças externas, concluíam que a única defesa possível para o Irã era proteger seus interesses por meio de armas nucleares que funcionassem como um dissuasor de ataques externos. Perante os inimigos, o Irã sentia-se o herdeiro do poderoso império persa e o âmago do Islã xiita e, portanto, considerava-se habilitado a desejar um futuro de grande potência regional. Por esse motivo, as pressões contra o programa nuclear militar do Irã acendiam sentimentos nacionalistas nas diversas camadas de poder em Teerã.

Para os dirigentes e planejadores iranianos, esse estado de coisas era muito semelhante ao que havia levado a Índia e o Paquistão a entrar para o restrito clube dos países nucleares em 1998, detonando suas primeiras bombas atômicas. Sem nunca deixar de conduzir seu programa nuclear, o Irã iniciou um jogo duplo para aplacar as desconfianças ocidentais, jogo este que seu líder supremo, Ali Khamenei, sempre alimentou com deliberada ambiguidade.

Em 2009, como já foi dito, o Irã recusou o acordo costurado pela AIEA alegando falta de garantias, mais provavelmente porque não aceitaria suspender o processo de enriquecimento de urânio, tema que até hoje é o grande nó da questão. Daí por diante, o Irã acelerou seu programa de enriquecimento de urânio chegando até a porcentagem de 20%. Segundo os especialistas, este é o marco mais complexo de atingir, daí por diante não é mais tão difícil chegar ao patamar de 90% de enriquecimento, o chamado *weapons grade*, que possibilita a fabricação de armas nucleares.

Como a posse de armas nucleares se encaixa na estratégia do Irã? Não há dúvida alguma que a insistência em falar de "uso pacífico" da energia nuclear é um subterfúgio para encobrir um programa de armamento nuclear e dar-lhe compatibilidade aparente com o Tratado de Não Proliferação. A meu ver, é claríssimo que a liderança iraniana se municia dos elementos científicos e das tecnologias indispensáveis para levar adiante esse projeto e ter no futuro esta opção, ainda que não confeccionando bombas atômicas e sequer conduzindo testes nucleares indispensáveis, mas totalmente detectáveis e reveladores. Acreditar que todo o programa nuclear iraniano visa apenas a metas modestas e internacionalmente aceitas, como ter reatores de pesquisa, é negar uma evidência flagrante. Em diversas manifestações públicas, muitos afirmaram explicitamente, como Ali Larijani, político de grande influência e poder na área nuclear, que "se o Irã se tornar atômico ninguém mais se aventurará a desafiá-lo porque o preço a pagar seria alto demais". Essa frase, que expressa, ainda que não explicitamente, o pensamento profundo dos governantes iranianos, provém simplesmente do atual presidente do Parlamento iraniano, muito próximo do líder supremo. O apoio a essa linha vem, sobretudo, de pessoas muito associadas a Khamenei, em particular os chefes da Guarda Revolucionária. Há em todos eles um forte sentimento nacionalista e a convicção de que a República Islâmica está em perigo e precisa de armas capazes de dissuasão militar para tornar-se invulnerável. A capacidade de fazer bombas atômicas e sua concretização é, a meu ver, o pilar central da visão geopolítica do Irã. Khamenei muito provavelmente é o primeiro a subscrever esta ideia. Nada indica, porém, que o Irã já possua a capacidade de fabricar armas nucleares e, menos ainda, que as tenha confeccionado e estocado.

Desde 2003, os serviços de inteligência ocidentais detectaram que o Irã estava acelerando seu programa de centrifugadoras, em particular na nova instalação secreta de Fordow, que depois de tornada pública veio a ser confirmada à AIEA pelo próprio governo iraniano. Esta instalação em cavernas é bem protegida e, portanto, menos vulnerável a ataques de aviões e de mísseis israelenses ou americanos. Tal iniciativa só pode ser descrita como uso pacífico da energia nuclear por quem não quer enxergar o que está evidente.

Mesmo com estas considerações de difícil contestação, os responsáveis pela política externa brasileira e turca viram, no fim de 2009, uma oportunidade significativa de atuação diplomática. As diplomacias da Turquia e do Brasil moveram-se pela intenção sincera, a meu ver, de que não era mais possível estigmatizar e punir o Irã, sendo necessário encontrar meios pacíficos para resolver o impasse nuclear. Consideravam que tinham credenciais e credibilidade junto ao governo de Teerã, atendendo assim a um dos requisitos fundamentais para o Irã: relações amistosas e a não exigência de capitulação. Sobretudo, enxergavam na iniciativa uma possível oportunidade para aumentar o peso de ambos na escala mundial de poder.

Por isso, desde 2009 vinham sendo elaboradas ideias e conceitos pelas duas chancelarias. Estes conceitos eram repercutidos com o governo iraniano. A Turquia era vista em Brasília como parceira fundamental, pois era um país vizinho e com longa tradição de relacionamento com o Irã, e ainda de religião muçulmana. Paralelamente, existia um forte interesse da Turquia, inclusive por ser membro da OTAN, em participar do encaminhamento pacífico da questão nuclear. Há séculos uma rivalidade opunha os dois países, mas havia também uma proximidade cultural. Basta lembrar que a língua persa era o idioma diplomático do Império Otomano turco.

Examinemos os personagens centrais da operação diplomática. Em primeiro lugar, os brasileiros.

O governo Lula sempre se caracterizou — e mais enfaticamente ainda em seus anos finais — por um forte desejo de protagonismo da diplomacia brasileira. Utilizando com habilidade o prestígio internacional que sua história de vida e seu governo marcado pela ênfase no desenvolvimento social lhe deram, Lula tornou-se um dos líderes de maior reconhecimento mundial. Coerentemente, agarrou a oportunidade oferecida pelo caso do Irã, que, se desse certo, poderia resultar em um salto qualitativo ainda maior para sua imagem. Como argumentou muito perceptivamente o professor Oliver Stuenkel, da Fundação Getulio Vargas, "para Lula, a questão do Irã não é tão importante, pois ele está argumentando, sobretudo, que as atuais estruturas de governança global são injustas e que os países emergentes precisam ser mais levados em conta".

O presidente brasileiro até mesmo tentara, pouco antes, intermediar o conflito entre Israel e Palestina, cujo processo de paz estava paralisado desde a morte de Itzakh Rabin, em 1995, demonstrando aí um excesso de voluntarismo numa questão que há décadas constitui um dos maiores impasses internacionais. Nesse caso, Lula não tinha a menor chance de acertar. Porém, no caso do Irã, havia uma base mais concreta para sua atuação, embora a cartada fosse evidentemente muito difícil. Lula lançou-se então numa campanha para defender o direito iraniano ao enriquecimento de urânio, afirmando que: "Até agora, o

Irã não cometeu nenhum crime contra a orientação da ONU com relação às armas nucleares."[9]

O governo brasileiro tinha menos razões do que a Turquia para fazer parte dessa iniciativa diplomática, seja pela distância geográfica, seja pela mínima atuação nas questões do Oriente Médio. Como disse o analista Matias Spektor, a participação brasileira nesse processo seria equivalente a um desejo turco de atuar numa controvérsia grave entre dois países sul-americanos. Na mesma linha, em entrevista a programa da BBC, o presidente da República da Turquia, Abdullah Gül, afirmou que o interesse turco em atuar no caso do Irã tinha motivos evidentes de proximidade geográfica, política e militar e "não era como se a Turquia fosse um país sul-americano".

A despeito destas considerações, porém, o ministro brasileiro Celso Amorim — um diplomata de carreira inteligente e ambicioso, com vasta experiência profissional e enorme influência junto ao presidente Lula — viu na questão nuclear iraniana uma oportunidade para melhor propagar a presença do Brasil no cenário mundial, caso houvesse uma atuação vitoriosa nessa área de grande sensibilidade internacional.

Seria um feito excepcional se dois países emergentes pudessem atingir um resultado percebido mundialmente como de real valor. Como benefício oculto, em sua mente, Celso vislumbrava a possibilidade de aplicar um corretivo nos Estados Unidos, que não haviam sido capazes até então de chegar a bom termo com o Irã. Ele tinha muitas relações na Turquia, que visitava frequentemente, até porque sua filha fora casada por muitos anos com um diplomata turco. Este era um ativo importante para o projeto.

Passemos então aos personagens turcos.

O primeiro-ministro turco Tayyip Erdogan, que assumiu o cargo em 14 de março de 2003, é um político de personalidade forte e grande determinação. Fora o líder do Partido da Justiça e Desenvolvimento, de inclinação islamista. Durante seu governo, já com três mandatos eleitorais, a economia do país cresceu muito, gerando melhoria da infraestrutura e das condições de vida da sociedade. O país alterou sua péssima imagem de instabilidade e golpes militares e Erdogan projetou-se internacionalmente como um líder regional. Sem dúvida, o primeiro-ministro exerce uma liderança autocrática, procurando enfatizar o lado muçulmano da sociedade turca e impondo leis de orientação islamita, em contradição com a herança secularista do fundador da república e ícone nacional, Kemal Atatürk.[10] Erdogan combateu e processou muitos líderes militares importantes, e para simbolizar essas inclinações, sua esposa usa publicamente o *hijab*, véu que cobre a cabeça e o pescoço das mulheres e faz parte da tradição religiosa muçulmana.

Em artigo publicado em *O Globo*, o renomado historiador brasileiro José Murilo de Carvalho analisou, em artigo brilhante, o quadro político da Turquia:

> A pergunta que se pode fazer é se a Turquia ainda precisa da força de um sultão coletivo, as Forças Armadas, para consolidar a democracia nos moldes ocidentais. Ou se, ironicamente, a prática dessa democracia, sobretudo do sistema representativo, vai levá-la de volta à teocracia islâmica. Estaria o governo turco agindo como o anti-Atatürk, fazendo o percurso inverso, buscando o Oriente pela via do Ocidente?[11]

O ministro turco Ahmet Davutoglu, no posto desde 2009, está ligado ao Partido da Justiça e Desenvolvimento, do primeiro-ministro Tayyip Erdogan. Como intelectual, obteve diversos títulos acadêmicos, foi professor universitário e escreveu diversos livros, entre eles *Profundidade estratégica*, que é muito influente na orientação da política externa turca. Nele, Davutoglu preconiza que a Turquia desempenhará mais do que um papel regional na política internacional, em particular no Oriente Médio. Frequentemente se diz que o chanceler Davutoglu concebeu a política do neo-otomanismo, ou seja, a projeção da Turquia no Oriente Médio, a exemplo do Império Otomano, que durante vários séculos governou boa parte da região. Isto é obviamente negado por Davutoglu, já que tal afirmação pode conduzir a uma interpretação imperialista da política turca. Mas tal orientação obedece a uma evolução estratégica baseada na robustez da economia turca e à sua contiguidade geográfica multiplicada pela sua crescente islamização sob o regime de Tayyip Erdogan.

E Celso Amorim encontrou no chanceler turco Ahmet Davutoglu um companheiro de muita qualidade, construindo com ele uma boa parceria.

A associação com o Brasil caiu como uma luva na motivação turca, pois o aporte de um país internacionalmente respeitado, cristão e extrarregional fortalecia a posição da Turquia, que de outro modo poderia ser acusada de solidariedade islâmica ao atuar em favor do Irã. Em 2010, o país encontrava-se no ápice de sua capacidade diplomática e de sua pujança econômica, que desde então vem se desgastando, seja pela complicação de seu quadro econômico, seja pelos reveses sofridos no campo da política externa.

A política turca para o Oriente Médio seguia em paralelo com a crescente islamização do país sob a condução de Erdogan. O objetivo básico era aumentar sua influência no mundo árabe e fortalecer os sunitas moderados contra os xiitas. Porém, a Turquia deu passos excessivamente ambiciosos e sua política externa acabou chocando-se com interesses de outros países da região e dos Estados Unidos. Nos últimos anos, os turcos sofreram algumas derrotas, como no Egito (onde apoiou a hoje desbaratada Irmandade Muçulmana contra os militares), no Iraque (onde procurou fortalecer o governo provisório do Curdistão com o projeto de construir um oleoduto direto para a Turquia, que não deu em nada) e, sobretudo, na Síria (onde apoiou os rebeldes sunitas na tentativa frustrada de derrubar Bashir Al-Assad). Na realidade, a Turquia mostrou-se impotente para evitar que, por causa do golpe militar do general Al Sissi, a Irmandade fosse liquidada e o Egito se aproximasse discretamente de Israel, que tem o mesmo propósito de enfraquecer os radicais muçulmanos. Também em Gaza, a Turquia não tem hoje nenhum poder para fornecer ajuda efetiva aos palestinos do Hamas, embora tenha tentado dar-lhes algum apoio moral. Mais grave ainda, falhou o seu ambicioso e complexo plano de solução pacífica da grande controvérsia com os curdos, com os quais a Turquia tem antigas e penosas desavenças.

Em 2010, porém, a política externa dirigida e formulada pelo ministro Davutoglu estava no auge do sucesso. A Turquia parecia ter grande capacidade de desempenhar forte ação regional. Ademais, possuindo uma vasta fronteira com o Irã, obviamente não via com bons olhos a possibilidade de um importante vizinho dotar-se de armas nucleares. Por outro lado, a

Turquia era o país natural para estocar, sob caução, o urânio iraniano, pela contiguidade geográfica e pelas boas relações com Teerã. Além disso, aproximando-se do Irã, o chanceler Davutoglu estaria renovando a antiga e complexa relação turco-iraniana. Para isso, logo após tomar posse, visitou Teerã em novembro de 2009 para conversas exploratórias com o ministro iraniano.

Em razão de sua crescente projeção internacional como países emergentes, Turquia e Brasil viam no caso do Irã uma oportunidade de mostrar ao mundo que eram capazes de atuar com eficiência em questões de muita relevância que até então as grandes potências não tinham conseguido equacionar. Os dois países tinham, além disso, a vantagem de serem vistos sem desconfiança pelo Irã, ao contrário das grandes potências ocidentais, em particular os Estados Unidos, que no slogan iraniano era descrito como o "grande Satã". Desse modo, desde 2009, os dois chanceleres estavam em contato. A ideia de retirar uma parte considerável do estoque de urânio enriquecido do Irã, a ser compensado pelo fornecimento de pastilhas de urânio para o reator de pesquisas de Teerã, não era nova. Com o fracasso da tentativa de acordo por meio da Agência Internacional de Energia Atômica, os chanceleres do Brasil e da Turquia viram aí uma oportunidade preciosa e começaram a trabalhar na mesma concepção geral que havia sido tentada por ElBaradei. Poucos meses depois, no início de abril de 2010, em visita de Davutoglu a

Brasília, os dois chanceleres examinaram em detalhes os possíveis termos de um acordo com o Irã.

Por fim, é necessário mencionar o então presidente iraniano. Mahmoud Ahmadinejad era, na época, um dos mais polêmicos atores da cena internacional. Em seu perfil, destaca-se o espetáculo lamentável de um discurso proferido na conferência da ONU de combate ao racismo. Durante meses, os delegados dos países membros da ONU haviam debatido o comunicado final da conferência, conseguindo retirar do documento afirmações controversas e radicais. Veio, porém, o líder iraniano destilar seu veneno no pódio de Genebra, com um sorriso de escárnio na boca, provocando a retirada de dezenas de diplomatas do plenário. O próprio secretário-geral da ONU, Kofi Anan, normalmente muito contido, sentiu-se indignado e afirmou que "nunca tinha assistido a este tipo de comportamento destrutivo numa assembleia, numa conferência, por qualquer país-membro. Lamento o uso desta plataforma pelo presidente iraniano para acusar, dividir e até incitar".

Ahmadinejad provocou profunda comoção internacional ao levantar dúvidas sobre a existência do Holocausto. Houve a esse respeito uma conversa muito interessante com o presidente brasileiro em Teerã. Lula disse-lhe que não convinha ficar insistindo no questionamento do Holocausto. Ahmadinejad lançou-se então em longa explicação, mas foi interrompido pelo brasileiro que lhe disse: "Em política, quando você precisa explicar o que disse, você já perdeu."

De origem humilde e rural (nasceu na pequena Aradan, no norte), Ahmadinejad cresceu em Teerã — para onde sua família se mudou quando ele tinha apenas um ano de idade — e lá cursou engenharia civil. Exerceu funções de administrador público, com relativo êxito, o que pavimentou sua estrada rumo ao poder: foi vice-prefeito das cidades de Maku e Hoy, ligado ao grupo conservador de Khomeini; governador da província de Ardabil, de onde foi afastado com a chegada do reformista Khatami à presidência do Irã. Sua política ultraconservadora, sua profunda convicção religiosa (apesar de não ser um clérigo) e suas ligações com Ali Khamenei, sucessor de Khomeini, levaram-no à presidência em 2005. Seu radicalismo traduzia-se numa postura internacional agressiva e pouco conducente a acordos construtivos. Sob Ahmadinejad, o Irã sempre procurou ganhar tempo e nunca buscar efetivamente compromissos capazes de satisfazer todas as partes da questão. No que diz respeito à energia nuclear, o aiatolá Khamenei foi o principal condutor da política iraniana, mas Ahmadinejad elevou o tom, tornando a questão nuclear um símbolo da soberania nacional e da grandeza do Irã. Com ele, o programa tornou-se uma coluna mestra da nação.

9

A Declaração de Teerã: gênese, negociação e conclusão

A capital iraniana é uma metrópole extensa, ao norte do país, próxima ao mar Cáspio. Espalha-se pelo sopé de uma grande cadeia de montanhas, que se erguem como sentinelas ao redor da cidade. Nela se destaca o imponente pico Darwand, que atinge mais de 5 mil metros de altura e pode ser avistado de Teerã em dias claros. Ao sul, encontra-se o Grande Deserto Salgado e, ao norte, a zona costeira do Cáspio, onde a natureza é exuberante. A impressão inicial é de uma enorme cidadela cercada por obstáculos naturais imponentes.

Ali Khamenei recebeu o presidente Lula logo após sua chegada e assegurou-lhe, segundo a TV estatal iraniana, que "os Estados Unidos estão irritados com a proximidade de dois países independentes como o Irã e o Brasil. É por isso que reclamaram tanto antes da sua visita ao Irã". É possível interpretar essa frase como um incentivo para uma negociação entre países amigos que se regozijam em fustigar os Estados Unidos. Por outro lado, é necessário ter em mente que o presidente iraniano naquele momento era Mahmoud Ahmadinejad. Foi provavelmente por ordem sua que a imprensa iraniana louvou a posição turco-brasileira, afirmando que os dois países tomavam o partido do Irã para combater o poder americano. Isso certamente acrescentou uma grande dose de desagrado em Washington.

Foram negociações difíceis aquelas que começaram no dia 16 de maio de 2010 em Teerã e duraram quase 24 horas. Não partiram do zero, porque muitas ideias e conceitos já vinham sendo debatidos nos últimos meses. Não havia, porém, um texto-base. Esse procedimento costuma ser muito útil porque delimita o perímetro de uma negociação, facilitando o trabalho posterior de costurar um acordo escrito. A cada passo, os iranianos perguntavam se Turquia e Brasil haviam discutido a questão com os Estados Unidos e eram reassegurados pelos turcos e brasileiros de que o próprio presidente Obama havia encorajado o entendimento deles com o Irã, ao afirmar, em carta ao presidente Lula, que "para nós, um acordo com os iranianos para a transferência de 1.200 kg de urânio de baixo enriquecimento para fora do país reforçaria nossa confiança e reduziria tensões regionais, ao diminuir substancialmente o estoque de urânio do Irã.

Quero sublinhar que esse elemento é de fundamental importância para os Estados Unidos". Era claramente um incentivo, mas certamente não um mandato de Obama.

O pressuposto que orientava brasileiros e turcos era de que, retirando-se a maior parte do estoque de urânio enriquecido do Irã, inviabilizaria-se uma possível confecção de bombas atômicas. Naquele momento, não parecem ter julgado concebível falar em supressão de alguns componentes do programa iraniano, como a instalação de novas centrífugas que pudessem repor rapidamente o estoque de urânio retirado do país, ou mesmo falar sobre a possibilidade de abertura das instalações iranianas para inspeções da Agência de Viena, ou tampouco sobre a divulgação de qualquer nova instalação nuclear capaz de aumentar a velocidade do programa iraniano de enriquecimento de urânio e também sobre a quantidade de detonadores existentes, fundamentais para a confecção de armas atômicas e que, sabidamente, o Irã possuía.

Brasileiros e turcos estavam convencidos de que, somente com países identificados como não agressivos e capazes de tratá-los com respeito, o Irã aceitaria assumir um compromisso — inicial, mas significativo — que afetasse diretamente a evolução de seu programa nuclear.

Porém, rapidamente ficou evidente que Teerã tinha limites estreitos para o que aceitaria e demonstrou isso claramente ao excluir qualquer compromisso além do que já vinha sendo discutido, isto é, a saída de parte considerável do estoque de urânio em troca do recebimento de combustível para seu reator de pesquisas. Falhou assim uma tentativa de explorar objetivos mais ambiciosos como, por exemplo, a ideia de uma moratória para o processo de enriquecimento de urânio ou a de acelerar o calendário das etapas de implementação do acordo. Tais propostas foram prontamente recusadas pela delegação iraniana. Turcos e brasileiros conformaram-se com isso, julgando que já tinham obtido uma conquista importante.

No momento da preparação de uma declaração conjunta, enquanto o lado brasileiro e turco partilhava posições homogêneas, a delegação iraniana era composta por representantes de grupos distintos, que intervinham sem a preocupação de estar em sintonia com a chefia da delegação. Esta falta de coordenação revelava a existência de diversos polos de pensamento dentro do governo iraniano. Uma negociação sobre temas sensíveis já é muito complicada entre delegações disciplinadas e dotadas de uma linha comum de pensamento... imagine-se a cacofonia que se produziu em Teerã naquele dia.

O negociador principal era o representante de Khamenei no Conselho Supremo de Segurança Nacional, Saeed Jalili. Esta organização, liderada pelo então presidente da República, Mahmoud Ahmadinejad, formulou a política nuclear do país que só se tornaria efetiva se confirmada pelo líder supremo. O secretário Jalili era o principal responsável pelos assuntos nucleares (até que foi substituído, em setembro de 2013, pelo ministro de Relações Exteriores). No entanto, mesmo tal chefe não tinha ascendência total sobre sua delegação e houve casos de desmentidos e divergências que demonstravam a falta de homogeneidade do grupo.

O aspecto mais sensível da negociação era a quantidade de urânio levemente enriquecido a ser retirada do país. Para muitos iranianos, o urânio deveria permanecer no Irã. Naturalmente, não era possível ceder nisso, pois o ponto central de todo o acordo era a retirada de parcela significativa do estoque iraniano, inviabilizando assim, pelo menos no curto e médio prazo, a confecção de armas nucleares. Houve também da parte iraniana uma insistência na realização simultânea da transferência do urânio enriquecido para a Turquia e o recebimento das varetas para o reator nuclear de pesquisas de Teerã, que também não foi consagrada no acordo.

Após dezoito horas de negociações, chegou-se a um acordo que foi primeiro divulgado pelo ministro turco, Ahmet Davutoglu. O chanceler turco disse que um anúncio oficial só poderia ser feito na segunda-feira pela manhã, após a revisão dos presidentes brasileiro e iraniano e do primeiro-ministro turco, Tayyip

Erdogan, que havia acabado de chegar à capital iraniana para juntar-se às negociações sobre o acordo. Foram os seguintes os termos da Declaração de Teerã:

Tendo-se reunido em Teerã em 17 de maio, os mandatários abaixo assinados acordaram a seguinte Declaração:

1. Reafirmamos nosso compromisso com o Tratado de Não Proliferação de Armas Nucleares (TNP) e, de acordo com os artigos relevantes do TNP, recordamos o direito de todos os Estados-parte, inclusive a República Islâmica do Irã, de desenvolver pesquisa, produção e uso de energia nuclear (assim como o ciclo do combustível nuclear, inclusive atividades de enriquecimento) para fins pacíficos, sem discriminação.

2. Expressamos nossa forte convicção de que temos agora a oportunidade de começar um processo prospectivo, que criará uma atmosfera positiva, construtiva, não confrontacional, conducente a uma era de interação e cooperação.

3. Acreditamos que a troca de combustível nuclear é instrumental para iniciar a cooperação em diferentes áreas, especialmente no que diz respeito à cooperação

nuclear pacífica, incluindo construção de usinas nucleares e de reatores de pesquisa.

4. Com base nesse ponto, a troca de combustível nuclear é um ponto de partida para o começo da cooperação e um passo positivo e construtivo entre as nações. Tal passo deve levar a uma interação positiva e cooperação no campo das atividades nucleares pacíficas, substituindo e evitando todo tipo de confrontação, abstendo-se de medidas, ações e declarações retóricas que possam prejudicar os direitos e obrigações do Irã sob o TNP.

5. Baseado no que precede, de forma a facilitar a cooperação nuclear mencionada acima, a República Islâmica do Irã concorda em depositar 1.200 kg de urânio levemente enriquecido na Turquia. Enquanto estiver na Turquia, esse urânio continuará a ser propriedade do Irã. O Irã e a AIEA poderão estacionar observadores para monitorar a guarda do urânio na Turquia.

6. O Irã notificará a AIEA por escrito, por meio dos canais oficiais, a sua concordância com o exposto acima em até sete dias após a data desta Declaração. Quando da resposta positiva do Grupo de Viena (Estados Unidos, Rússia, França e AIEA), outros detalhes da troca serão elaborados por meio de um

acordo escrito e dos arranjos apropriados entre o Irã e o Grupo de Viena, que se comprometerá especificamente a entregar os 120 quilos de combustível necessários para o Reator de Pesquisas de Teerã.

7. Quando o Grupo de Viena manifestar seu acordo com essa medida, ambas as partes implementarão o acordo previsto no parágrafo 6. A República Islâmica do Irã expressa estar pronta — em conformidade com o acordo — a depositar seu urânio levemente enriquecido dentro de um mês. Com base no mesmo acordo, o Grupo de Viena deve entregar 120 quilos do combustível requerido para o Reator de Pesquisas de Teerã em não mais que um ano.

8. Caso as cláusulas desta Declaração não forem respeitadas, a Turquia, mediante solicitação iraniana, devolverá rápida e incondicionalmente o urânio ao Irã.

9. A Turquia e o Brasil saudaram a continuada disposição da República Islâmica do Irã de buscar as conversas com os países 5+1 em qualquer lugar, inclusive na Turquia e no Brasil, sobre as preocupações comuns com base em compromissos coletivos e de acordo com os pontos comuns de suas propostas.

10. A Turquia e o Brasil apreciaram o compromisso iraniano com o TNP e seu papel construtivo

na busca da realização dos direitos na área nuclear dos Estados-membros. A República Islâmica do Irã apreciou os esforços construtivos dos países amigos, a Turquia e o Brasil, na criação de um ambiente conducente à realização dos direitos do Irã na área nuclear.

Manucher Mottaki — Ministro dos Negócios Estrangeiros da República Islâmica do Irã
Ahmet Davutoglu — Ministro dos Negócios Estrangeiros da República da Turquia
Celso Amorim — Ministro das Relações Exteriores da República Federativa do Brasil[12]

Logo após a conclusão do acordo, ainda em Teerã no dia 17, o presidente Lula fez a seguinte declaração em seu programa radiofônico semanal, transmitido pela emissora pública brasileira diretamente de Teerã: "O acordo alcançado com o Irã para realizar a troca de urânio na Turquia é uma vitória para a diplomacia. Ela sai vencedora hoje. Creio que foi uma resposta de que é possível, com diálogo, construir a paz, construir o desenvolvimento. Há um milhão de razões para termos argumentos para construir a paz e não há nenhuma razão para construirmos a guerra. O Brasil acreditou que era possível fazer o acordo. Mas o que é importante é que nós estabelecemos uma relação de confiança." E completou ainda que "não é possível fazer política sem ter uma relação de confiança", insistindo que se deve "crer nas pessoas", em uma clara alusão à postura de desconfiança que tanto os Estados Unidos como os países europeus tinham com o Irã.

O ministro das Relações Exteriores do Brasil, Celso Amorim, segundo reportou a imprensa brasileira na ocasião, reiterou que o acordo "deve ser suficiente" para evitar as sanções ao Irã por parte da comunidade internacional. "Naturalmente, este acordo não vai resolver todos os pontos que existem na questão nuclear. Mas é o passaporte para que possa haver negociações mais amplas que aumentem a confiança da comunidade internacional." O ministro afirmou também que o Brasil consultou os Estados Unidos, a França, a Rússia e a China, "levando em conta suas preocupações" nas negociações e que o Irã poderia a partir de então exercer seu "direito legítimo" à energia nuclear para fins pacíficos, incluindo a possibilidade de enriquecimento de urânio.[13]

O acordo, segundo ele, abriria outras frentes de discussão sobre o conflito nuclear, destacando que era a primeira vez que o Irã se comprometia por escrito a enviar urânio ao exterior e que essa mesma proposta já havia sido feita pela Rússia, Estados Unidos e Reino Unido em novembro de 2009. Na época da Declaração, explicou o ministro brasileiro, o Irã recebeu as garantias que requeria para fechar um acordo.[14]

Poucos dias depois, ficou evidente que o acordo não fechara porta alguma para novas sanções. Ao afirmar que o acordo de Teerã impossibilitava uma nova escalada de punições ao Irã pelo Conselho de Segurança, o ministro brasileiro estava enganado. Como preconizara a secretária de Estado, Hillary Clinton, as sanções eram a melhor maneira de forçar o Irã a entabular negociações sérias sobre seu programa nuclear. Efetivamente, uma nova e mais pesada rodada de sanções foi imposta ao Irã no dia 9 de junho de 2010, portanto, alguns dias depois da Declaração de Teerã. Hillary Clinton, em particular, com seu estilo contundente, em telefonema duro ao ministro brasileiro, deixou claro que o acordo com o Irã era inaceitável. Houve uma grande surpresa brasileira ante a forte reação contrária da diplomacia americana, uma vez que se partia da premissa equivocada que o presidente Obama demonstrara uma orientação francamente encorajadora à atuação do Brasil no Irã.

Surpresa ainda maior — e que enraiveceu Lula — foi a posição da França. Lula achava ingenuamente que sua boa relação com o presidente francês Nicolas Sarkozy e o forte aceno que fizera a favor da compra dos caças franceses para a FAB levariam a França a ter uma postura moderada no caso. Mas, ao contrário, o ministro francês do Exterior, Bernard Kouchner, declarou em fins de maio que Lula estava no caminho errado e corria o risco de ser iludido pelo Irã.[15]

A França acabou votando contra o Brasil e a Turquia no Conselho de Segurança, como obviamente era de se esperar. Um país como a França não podia colocar o negócio dos caças Rafale à frente de seus interesses maiores em política externa e divergir de todos os demais membros permanentes do Conselho de Segurança.

Por outro lado, a razão principal por detrás da posição dura de Hillary era que finalmente havia sido possível concluir as trabalhosas negociações entre os membros permanentes do Conselho de Segurança. Desde o início dessa discussão, China e Rússia tinham uma posição reticente por considerar que os substanciais interesses de suas empresas poderiam ser afetados por um pacote muito amplo e rígido de sanções. Mas os Estados Unidos mostraram-se relativamente flexíveis e acomodaram essas preocupações em data muito próxima do acordo turco-brasileiro. Atendidas as preocupações russas e chinesas, estava fechado o círculo e tomada a decisão de aplicar ao Irã uma nova volta do torniquete que lhe vinha sendo aplicado havia alguns anos.

Até hoje, Hillary Clinton tem sido uma das raras figuras políticas americanas a abster-se de anunciar sua posição sobre as negociações entre as seis grandes potências e o Irã, o que o atual secretário de Estado, John Kerry, está levando adiante vigorosamente. A meu ver, se ela ainda fosse a titular do Departamento de Estado, as negociações ou não teriam começado ou seriam conduzidas de modo mais confrontacional. Nesse sentido, ela já estava inclinada a uma posição dura e o trabalho do Brasil e da Turquia não lhe parecia um bom caminho. Hillary tinha sido a rival de Obama na escolha do candidato democrata à presidência e, portanto, considerava-se politicamente igual ao titular da Casa Branca. Até por ser uma importante líder do grupo de seu marido, Bill Clinton, poderosa força no Partido Democrata. Na prática, ela gozava de autonomia na área diplomática. Hillary era senadora por Nova York, um estado onde é particularmente forte o lobby judaico, oposto a qualquer acomodação com o Irã. Essas ligações faziam com que Hillary fosse mais sensível ao recrudescimento das sanções do que a um acordo limitado com o Irã. De fato, o acordo de Teerã não cobria questões fundamentais para os americanos, como a inspeção intrusiva da AIEA sobre o programa nuclear iraniano, a moratória da proliferação de centrifugadoras e a redução do grau de enriquecimento de urânio. Pela letra do acordo com Brasil e Turquia, não havia impedimento a que o Irã repusesse seu estoque de urânio, diminuído pela transferência à Turquia, caso ampliasse rapidamente o número de centrifugadoras. Bem que os negociadores brasileiros e turcos tentaram, como já foi dito, explorar objetivos mais ambiciosos, mas o Irã recusou-se terminantemente a aceitar compromissos adicionais.

Estava fora de nosso alcance forçar o Irã nessa linha, mas ainda assim a Declaração de Teerã parecia um êxito diplomático.

Então, Hillary Clinton optou por apertar mais ainda o caráter punitivo das sanções ao Irã. Afinal, todos os membros permanentes do Conselho de Segurança já estavam nessa linha e a decisão estava madura. A Resolução 1.929 do Conselho de Segurança das Nações Unidas foi adotada sob a justificativa de que o Irã deixou de cooperar com a comunidade internacional ao não esclarecer a natureza de seu programa nuclear. O Conselho aprovou a resolução com doze votos a favor, uma abstenção (Líbano) e dois votos contra (Brasil e Turquia). A Resolução 1.929 foi a quarta resolução do Conselho de Segurança a impor sanções ao Irã e a primeira a proibir a venda ou a transferência de armamentos ao país, tais como artilharia de grande calibre, veículos blindados de combate, aviões de combate, helicópteros, mísseis e lança-mísseis. Ela também instituiu restrições às atividades comerciais no exterior de empresas iranianas suspeitas de terem ligação com o programa nuclear. Qualquer carga destinada ao Irã poderia ser inspecionada pelos Estados-membros da ONU, caso houvesse suspeita de que pudesse contribuir para seu programa nuclear. Em outras palavras, estas novas sanções, somadas às muitas que já existiam — conforme elencado em capítulo anterior —, acabariam de estrangular o acesso do Irã ao mundo econômico internacional e infligiriam pesados sacrifícios a toda a população iraniana, submetida a uma verdadeira economia de guerra.

A votação no Conselho de Segurança da ONU foi para nós uma humilhação, pois uma derrota de 12 a 2 é inesquecível.

A seguir, a justificativa da embaixadora brasileira, Maria Luiza Viotti, quando da declaração de voto no Conselho:[16]

> Sr. presidente, o Brasil votará contra a proposta de Resolução.
>
> Ao fazer isso, estamos honrando os motivos que nos inspiraram nos esforços que resultaram na Declaração de Teerã de 17 de maio.
>
> Faremos isso porque não consideramos as sanções um instrumento efetivo neste caso. Sanções provavelmente levarão ao sofrimento do povo do Irã e beneficiarão aqueles que, de todos os lados, não querem que o diálogo prevaleça.
>
> Experiências passadas na ONU, notadamente o caso do Iraque, mostram que a espiral de sanções, ameaças e isolamento pode resultar em consequências trágicas.
>
> Votaremos contra também porque a adoção de sanções, nesta conjuntura, é contrária aos esforços bem-sucedidos do Brasil e da Turquia de engajar o Irã em uma solução negociada para seu programa nuclear.

Como o Brasil afirmou repetidamente, a Declaração de Teerã adotada em 17 de maio é uma oportunidade única que não deveria ser descartada. Ela foi aprovada pelos mais altos níveis da liderança iraniana e sancionada pelo Parlamento.

A Declaração de Teerã promoveu uma solução que asseguraria o pleno exercício do direito do Irã de usar energia nuclear pacificamente, ao mesmo tempo fornecendo garantias verificáveis de que seu programa nuclear tem exclusivamente fins pacíficos.

Estamos firmemente convencidos de que a única maneira possível de atingir esta meta coletiva é assegurar a cooperação do Irã por meio de um diálogo e de negociações efetivas e orientadas para a ação.

A Declaração de Teerã mostrou que o diálogo e a persuasão podem mais do que ações punitivas.

O seu propósito e o seu resultado eram construir a confiança necessária para abordar uma série de aspectos do programa nuclear do Irã.

Como explicamos ontem, a Declaração Conjunta removeu obstáculos políticos à materialização da proposta da AIEA de outubro de 2009. Muitos governos e instituições altamente respeitáveis e indivíduos reconheceram seu valor como um passo importante em direção a um debate mais amplo sobre o programa nuclear iraniano.

O governo brasileiro lamenta profundamente, portanto, que a Declaração Conjunta não tenha recebido o reconhecimento político que merece, nem o tempo de que necessita para dar frutos.

O Brasil considera anormal se apressar em direção a sanções antes que as partes envolvidas possam se sentar e conversar sobre a execução da Declaração.

As respostas do Grupo de Viena à carta iraniana de 24 de maio, que confirmou o comprometimento do Irã com o conteúdo da Declaração, foram recebidas somente horas atrás. Não foi dado nenhum tempo ao Irã para reagir às opiniões do Grupo de Viena, incluindo a proposta de uma reunião técnica para discutir detalhes.

A adoção de sanções nestas circunstâncias manda o sinal errado para o que poderia ser o começo de um engajamento construtivo em Viena.

Outra questão que traz sérias preocupações foi o modo como os membros permanentes, junto com um país que não é membro do Conselho de Segurança, negociaram entre eles durante meses a portas fechadas.

Sr. presidente, o Brasil atribui absoluta importância ao desarmamento e à não proliferação e o nosso histórico neste setor é impecável.

Também afirmamos — e reafirmamos agora — que é imperativo que toda atividade nuclear seja conduzida sob as salvaguardas aplicáveis da Agência Internacional de Energia Atômica. As atividades nucleares do Irã não são exceção.

Continuamos a acreditar que a Declaração de Teerã é uma política sólida e que deveria ser levada adiante. Esperamos que todas as partes envolvidas vejam a sabedoria a longo prazo em se fazer isso.

De nosso ponto de vista, a adoção de novas sanções pelo Conselho de Segurança vai atrasar, em vez de acelerar ou assegurar, o progresso no debate da questão.

Não deveríamos perder a oportunidade de começar um novo processo que pode levar a uma solução pacífica, negociada desta questão.

As preocupações levantadas hoje em relação ao programa nuclear do Irã não serão resolvidas até que comece o diálogo.

Ao adotar sanções, este Conselho está, na realidade, optando por um de dois caminhos que deveriam seguir paralelamente — em nossa opinião, o caminho errado.

O que então parecia ter sido um grande êxito brasileiro em Teerã evaporou-se no ar e acabou sendo anulado. Nunca antes um presidente brasileiro tinha jogado seu prestígio pessoal em uma operação de tão alto risco e com tão poucas chances de êxito.

A fotografia de Lula erguendo o braço de Ahmadinejad como um campeão de luta causou particular impacto negativo no Ocidente, demonstrando claramente para que lado pendiam as simpatias do governo brasileiro. A foto estampou os principais jornais do mundo e parecia ilustrar o triunfo de David contra Golias.

O presidente iraniano Mahmoud Ahmadinejad, no centro, Luiz Inácio Lula da Silva, à esquerda, e o primeiro-ministro da Turquia, Tayyip Erdogan, dão as mãos antes de assinar o acordo. Teerã, segunda-feira, 17 de maio de 2010 (AP Photo/Vahid Salemi)

A tentativa do Brasil de mostrar sua força baseou-se, a meu ver, em uma *misperception* (percepção equivocada), para usar uma expressiva palavra inglesa. Com uma atuação *in loco* do presidente Lula, o Brasil tentou ser protagonista de uma iniciativa maior no plano internacional. Os pressupostos brasileiros eram um equívoco. Resultavam do que em grego clássico se chamava *húbris*, um conceito que pode ser traduzido como "excesso de autoconfiança". Este erro de avaliação consistiu, em primeiro lugar, na afirmação de que o Irã estaria realmente conduzindo um programa nuclear puramente pacífico, como o brasileiro. Em segundo lugar, crer que os Estados Unidos aceitariam, àquela altura, que a questão nuclear com o Irã — o mais grave problema da agenda internacional — fosse resolvida por dois países que não eram membros permanentes do Conselho de Segurança da ONU.

A respeito do papel do Brasil na negociação, este seria equivalente, como já insinuara o presidente turco, à participação da Turquia na solução da querela Peru-Equador, que o Brasil resolveu definitivamente com a ajuda de parceiros regionais em 1998. O argumento principal, que foi extensivamente usado pelo ministro Celso Amorim, especialmente para convencer os iranianos durante a negociação em Teerã, foi que o próprio presidente Barack Obama havia pedido ao Brasil e à Turquia que tomassem a iniciativa de desbloquear as negociações e contribuíssem para um acordo com o Irã sobre o impasse nuclear. Os eventos subsequentes jogam por terra esta interpretação. A conversação com Barack Obama mencionada na carta a Lula ocorreu durante a reunião de Cúpula para Segurança Nuclear, em Washington, no dia 12 de abril de 2010; portanto, quando os entendimentos entre a Turquia, o Brasil e o Irã já estavam em marcha adiantada. A carta, enviada pouco depois ao presidente brasileiro, contém certa ambiguidade, posto que foi redigida a muitas mãos na Casa Branca, segundo informações extraoficiais que obtive. O presidente americano, coerente com seu estilo, não foi taxativo na negação da iniciativa, embora tenha expressado as já conhecidas reservas da posição americana.

Pela relevância desta carta, entrevistei Gary Samore, que foi um dos principais protagonistas da política de não proliferação nuclear da administração norte-americana entre 2009 e 2012. Como *special advisor* do presidente, ele teve forte participação na referida carta. Samore disse-me que, em reuniões privadas entre Obama, Lula e Erdogan, às margens da cúpula sobre segurança nuclear, teve a impressão de que a iniciativa do Brasil e da Turquia fora bastante bem recebida. Porém, enfatizou Samore, "isso é bem diferente de dar um mandato para substituir as grandes potências no assunto".

Em seguida, Gary Samore afirmou que, conhecendo o teor dos encontros e o espírito construtivo do presidente Obama, poderia compreender o motivo de os líderes terem entendido que os Estados Unidos aprovavam a ideia de os dois países tentarem um acordo com o Irã. Por essa razão, o chanceler Amorim, mas sobretudo o chanceler turco Davutoglu, foram muitos ativos em manter contato com a secretária de Estado, Hillary Clinton, ou com o conselheiro para a Segurança Nacional, o general James Jones, a fim de informá-los sobre o que estava acontecendo com o Irã e para entenderem como estava sendo recebida a iniciativa turco-brasileira em Washington. Samore acha que ninguém, pelo menos na Casa Branca, teve a intenção de frear a iniciativa turco-brasileira, ainda que avaliando com restrições seu alcance.

Respondendo a uma pergunta minha sobre a percepção que teria da utilidade e do papel do Brasil nas negociações, Samore declarou que os americanos passaram muito tempo dialogando com o Brasil sabendo que o país era bem mais próximo do Irã do que dos Estados Unidos. Mencionou que, graças à experiência que o Brasil adquirira na questão do enriquecimento de urânio, poderia ter um papel relevante para resolver a crise com Teerã. Não há dúvida que os Estados Unidos nos enxergavam de modo muito diferente do Irã, porque Washington absolutamente não cogitou que o Brasil pudesse desenvolver secretamente uma bomba atômica para atacar um país vizinho. Os Estados Unidos estavam, segundo Samore, procurando apoio de todos os possíveis parceiros para convencer o Irã a abrir um diálogo, e essa era a principal motivação americana no que diz respeito ao Brasil e à Turquia.

Obama conversou diretamente com o primeiro-ministro turco Erdogan porque ele tinha condições de falar diretamente com Khamenei e de tentar convencer o Irã a limitar as ambições de seu programa nuclear. O Brasil foi visto como capaz de ter alguma influência, do mesmo modo que se procurou apoio de outros países como a Rússia e a China, entre outros, para um início sério de negociações em prol de um acordo que interrompesse a marcha iraniana rumo às armas nucleares. Na véspera da Declaração de Teerã, porém, o mesmo Samore havia afirmado publicamente que "confiava em que as sanções seriam impostas, a menos que o Irã fizesse algo extraordinário". Por sua parte, Susan Rice, então embaixadora na ONU, afirmou que "caso [o Irã] continue a fazer escolhas erradas, a pressão vai aumentar". Por fim, Hillary Clinton repetiu que "as sanções só farão melhorar as chances da diplomacia em vez de prejudicá-las". A secretária de Estado ainda afirmou que, para o Irã, os entendimentos com o Brasil e a Turquia eram apenas uma maneira de "empurrar o assunto com a barriga".

Esta avaliação foi feita com convicção por todos os americanos com quem conversei, em particular o general James Jones, que ocupava na época o posto central de conselheiro presidencial para a Segurança Nacional. O general disse-me que a posição da Casa Branca não era contra nem a favor da iniciativa turco-brasileira, mas mantinha sua total desconfiança e opinião firme de que não havia possibilidade de o Irã abandonar seu jogo duplo e negociar de boa-fé naquela ocasião.

Estas posições públicas ou privadas, combinadas com o aviso de Medvedev a Lula no Kremlin,[17] eram como letras gigantes num letreiro: o esforço diplomático da Turquia e do Brasil não iria a lugar nenhum. Mas os dois países resolveram ir adiante assim mesmo. Provavelmente não tinham mais alternativas aceitáveis para interromper um processo diplomático acelerado.

Malgrado a já mencionada ambiguidade, a carta que Obama enviou ao presidente Lula poucos dias antes de sua viagem a Teerã de nenhum modo apoia uma ação diplomática brasileira em nome dos Estados Unidos e reitera que manteria as sanções ao Irã ("Enquanto isso, prosseguiremos com as sanções no cronograma que esbocei"). Seus termos são os seguintes:

> Gostaria de agradecer-lhe pelo nosso encontro com o primeiro-ministro turco Erdogan durante a Cúpula de Segurança Nuclear. Passamos algum tempo focados no Irã, na questão do fornecimento de combustível nuclear para o Reator de Pesquisa de Teerã (TRR), e na intenção do Brasil e da Turquia de trabalharem para encontrar uma solução aceitável. Prometi responder em detalhes às suas ideias, considerei cuidadosamente a nossa discussão e gostaria de oferecer uma explicação detalhada sobre a minha perspectiva e sugerir um caminho a seguir.
>
> Concordo com você que o TRR é uma oportunidade de abrir caminho para um diálogo mais amplo para lidar com as preocupações mais fundamentais

da comunidade internacional em relação ao programa nuclear geral do Irã. Desde o início, vi o pedido do Irã como uma oportunidade clara e tangível de começar a desenvolver uma relação de confiança e segurança mútuas, e assim criar tempo e espaço para um processo diplomático construtivo. É por isso que os Estados Unidos apoiaram tão fortemente a proposta apresentada por ElBaradei, ex-diretor geral da Agência Internacional de Energia Atômica (AIEA).

A proposta da AIEA foi trabalhada para ser justa e equilibrada, e para que ambos os lados ganhassem confiança. Para nós, um acordo com os iranianos para a transferência de 1.200 kg de urânio de baixo enriquecimento (LEU) para fora do país reforçaria nossa confiança e reduziria tensões regionais, ao diminuir substancialmente o estoque de urânio do Irã. Quero sublinhar que esse elemento é de fundamental importância para os Estados Unidos. No que diz respeito ao Irã, o país receberia o combustível nuclear solicitado para garantir a operação continuada do TRR de produzir os isótopos médicos necessários e, usando seu próprio material, o Irã começaria a demonstrar intenções nucleares pacíficas. Apesar de o Irã continuar desafiando cinco resoluções do Conselho de Segurança das Nações Unidas que exigem que ele deixe seu enriquecimento de urânio, estávamos preparados para apoiar e facilitar a ação de uma proposta que forneceria combustível nuclear ao Irã usando o urânio enriquecido pelo próprio país — uma demonstração da nossa vontade de sermos criativos na busca por uma maneira de construir a confiança mútua.

Durante o curso das consultas, também reconhecemos o desejo do Irã de receber garantias. Como resultado, o foco de minha equipe foi assegurar que a proposta da AIEA contivesse diversas medidas embutidas, incluindo uma declaração nacional de apoio dos Estados Unidos, para que meu governo mandasse um sinal claro de nossa disposição de nos tornarmos signatários diretos e potencialmente até mesmo termos um papel mais direto no processo de produção do combustível, um papel central para a Rússia, e a assunção da custódia total do material nuclear por parte da AIEA ao longo de todo o processo de produção do combustível. Com efeito, a proposta da AIEA oferecia ao Irã garantias e compromissos significativos e substanciais da AIEA, dos Estados Unidos e da Rússia. ElBaradei declarou publicamente no ano passado que os Estados Unidos assumiriam a maior parte do risco na proposta da AIEA.

Como discutimos, o Irã parece estar seguindo uma estratégia elaborada para dar a impressão de flexibilidade, mas sem concordar com ações que podem começar a estabelecer uma confiança mútua. Nós vimos o Irã transmitir sugestões de flexibilidade para você e para outros, mas formalmente reiterar para a AIEA, por meio de canais oficiais, uma posição inaceitável.

O Irã continuou a rejeitar a proposta da AIEA e insistiu em reter o urânio de baixo enriquecimento em seu território até a entrega do combustível nuclear. Esta é a posição que o Irã transmitiu formalmente à AIEA em janeiro de 2010 e, novamente, em fevereiro. Soubemos através de você, da Turquia e de outros que o Irã continua com a proposta de manter o urânio de baixo enriquecimento em seu território até que haja uma troca simultânea deste material por combustível nuclear. Como o general Jones observou durante nosso encontro, será necessário um ano para que qualquer quantidade de combustível nuclear seja produzida. Assim, para os Estados Unidos, o poder da proposta da AIEA para construir confiança seria completamente eliminado e diversos riscos emergiriam. Em primeiro lugar, o Irã poderia continuar a estocar urânio de baixo enriquecimento (LEU) ao longo deste tempo, o que lhe permitiria adquirir um estoque de LEU equivalente ao montante necessário para duas ou três armas nucleares no espaço de um ano. Em segundo lugar, não haveria garantia alguma de que o Irã concordaria com a troca final. Em terceiro lugar, a "custódia" do LEU do Irã pela AIEA dentro do país não significaria nenhuma melhora mensurável com relação à situação atual, e a AIEA não poderia impedir o Irã de reassumir o controle de seu urânio a qualquer momento.

Existe um compromisso potencialmente importante que já foi oferecido. Em novembro passado, a

AIEA transmitiu ao Irã nossa oferta de permitir que ele enviasse seus 1.200 kg de LEU a um terceiro país — especificamente a Turquia — no início do processo, a ser realizado "em caução", como uma garantia durante a produção de combustível de que o Irã receberia de volta o seu urânio se nós não conseguíssemos entregar o combustível. O Irã nunca levou adiante o compromisso "em caução" e não forneceu nenhuma explicação crível para a sua rejeição. Acredito que, se o Irã não está disposto a aceitar uma oferta para demonstrar que seu LEU é para fins pacíficos e civis, isso levanta verdadeiras questões sobre suas intenções nucleares. *Eu exorto o Brasil a fazer o Irã enxergar a oportunidade apresentada por esta oferta de "depósito em caução" de seu urânio na Turquia enquanto o combustível nuclear está sendo produzido.*

Ao longo deste processo, em vez de angariar credibilidade, o Irã minou a confiança com a forma como abordou esta oportunidade. É por isso que questiono se o Irã está preparado para se engajar de boa-fé com o Brasil, e por isso o adverti durante nossa reunião. Para iniciar um processo diplomático construtivo, o Irã precisa transmitir à AIEA um compromisso de engajamento por meio de canais oficiais — algo que deixou de fazer. Enquanto isso, prosseguiremos com as sanções no cronograma que esbocei. Também já deixei claro que vou manter a porta aberta para o engajamento com o Irã. Como você sabe, o Irã até agora não aceitou a minha oferta de um diálogo abrangente e incondicional.

Estou ansioso para a próxima oportunidade de vê-lo e discutir essas questões à medida que consideramos o desafio do programa nuclear do Irã para a segurança da comunidade internacional, incluindo o Conselho de Segurança da ONU.[18]

A interpretação brasileira foi de que Obama, naquele momento, queria o acordo e estava por isso encorajando o Brasil e a Turquia a irem adiante. Creio que houve aí uma ilusão, uma percepção equivocada. Mesmo porque os brasileiros tinham sido avisados pelo presidente russo Medvedev, dias antes do episódio de Teerã, que as seis grandes potências já haviam concordado em aplicar, no Conselho de Segurança da ONU, uma nova rodada de duríssimas sanções contra o Irã e não havia mais espaço para outras negociações.

Por quê?

Nenhum assunto era tão central para a política externa norte-americana quanto o programa nuclear do Irã. Havia, e ainda há, em Washington uma forte convicção de que todos os diversos elementos do programa nuclear iraniano — grande aumento do número de centrifugadoras, construção de abrigos subterrâneos não divulgados em Fordow, a busca da confecção de detonadores de bombas, o desenvolvimento de uma usina de reprocessamento capaz de gerar plutônio em Arak, a recusa de permitir inspeções da Agência de Viena — objetivavam, em última análise, desenvolver a capacidade de fabricar armas nucleares.

Nada disso foi coberto pelo acordo de Teerã, nem seria realista esperar que o Irã se dispusesse a fazer concessões em matérias dessa gravidade a países sem poder internacional significativo, nem capacidade de aliviar ou mesmo impedir a aplicação de novas sanções. Por esta razão, os Estados Unidos e a França consideraram que a Declaração de Teerã não atendia às suas principais preocupações. A conclusão a que chegaram foi que o esforço turco-brasileiro era totalmente insuficiente e que a aplicação de novas sanções era imperativa.

Ter armas nucleares é um longo caminho e um enorme desafio tecnológico. O Estado que se lança nesta empreitada precisa realizar uma longa série de tarefas complexas, que requerem uma capacidade técnica muito específica e evoluída, além de recursos financeiros imensos. Depois é preciso integrar todos estes vetores. Estas etapas devem ser cumpridas com grande precisão. Há dois caminhos, segundo os especialistas na matéria. O primeiro consiste em buscar simultaneamente avanços em todos os segmentos tecnológicos, dada a pressa exigida pelos líderes políticos, para chegar mais rápido ao objetivo. O segundo caminho, ao contrário, busca o desenvolvimento sequencial de cada parte do programa. É mais provável que o Irã se veja obrigado, por diversas razões técnicas ou econômicas, a adotar esta estratégia gradativa, que lhe daria mais tempo para aperfeiçoar outros segmentos do seu programa como o desenvolvimento de explosivos, tecnologia elétrica, construção de novas centrifugadoras e de outras instalações tão blindadas quanto possível. Portanto, a diminuição do ritmo de enriquecimento, ou mesmo a redução do estoque de urânio enriquecido pela exportação a outro país, não seria realmente um golpe na marcha do Irã rumo à arma nuclear.

Este é o coração do problema. Aí reside a explicação básica pela qual, na Declaração de Teerã com o Brasil e a Turquia, o Irã não tinha problemas reais em abrir mão temporariamente de parte de seu estoque de urânio. Até porque a Declaração poderia lhe dar mais tempo se representasse uma pausa na imposição de novas sanções. Não apenas porque o referido estoque iraniano não seria alienado definitivamente, continuando a ser propriedade iraniana pelos dispositivos destes acordos, mas principalmente porque o Irã poderia desenvolver com maior profundidade outros segmentos tão indispensáveis quanto o enriquecimento de urânio — como o da engenharia elétrica e dos detonadores, por exemplo — para atingir seu objetivo final. Com tais acordos, o Irã ganhava um espaço que lhe permitiria trabalhar com mais calma para chegar à capacidade nuclear e, se necessário, à bomba atômica. As tentativas da AIEA em Viena, e de Teerã pela Turquia e Brasil já eram consideradas superadas para os países ocidentais.

Esta é uma das razões que explica por que uma superpotência como os Estados Unidos não aceitaria delegar a países médios a responsabilidade de resolver um assunto que lhe é central. O objetivo dos Estados Unidos e de seus aliados era paralisar o programa iraniano, e não neutralizar apenas um de seus componentes, como se viu nas negociações de Genebra três anos mais tarde. A simples transferência de estoques não equacionaria o problema nem causaria dano real ao programa iraniano.

A interpretação de que Barack Obama incumbiu a Turquia e o Brasil de resolverem — ou mesmo terem uma atuação autônoma — a questão nuclear do Irã é manifestamente errada e autojustificatória.

O excelente jornalista José Casado descreveu esses dramáticos eventos em texto publicado em *Alô, Obama*:[19]

> No papel, a Declaração de Teerã parecia tão sólida quanto a montanha Damawand, que é visível de qualquer bairro da capital do antigo Império Persa.
>
> Luiz Inácio Lula da Silva, com olheiras negras, sorriu parecendo cansado no fim da tarde de 17 de maio de 2010. Nessa noite, ele foi dormir com duas

ótimas notícias: ele havia conseguido uma jogada histórica ao convencer os aiatolás iranianos a aceitar um entendimento sobre seu controverso programa nuclear e sua taxa de aprovação chegara a 74% [...] Lula voltaria ao Brasil na manhã seguinte na condição de campeão do prestígio internacional.

[...] O presidente e sua comitiva tinham acabado de desembarcar em Madri quando o telefone do ministro Celso Amorim tocou. Era a secretária de Estado americana, Hillary Clinton, que recitou uma lista de queixas sobre a Declaração de Teerã, mencionando detalhes até então secretos sobre os entendimentos entre os membros permanentes do Conselho de Segurança. Antes de desligar, ela anunciou que os Estados Unidos (e o Conselho de Segurança da ONU) iam adotar sanções mais severas contra o Irã.

O ministro Amorim deu-se conta de que o que parecia eterno, enquanto durou, tinha acabado. O plano brasileiro de usar o Irã e seu programa nuclear como um passaporte para a principal mesa da governança mundial tinha naufragado ao sol da primavera espanhola. A Declaração de Teerã estava reduzida a uma nota de pé de página nos livros de história. A diplomacia americana tinha prevalecido pela força e sua competência no manejo de informações obtidas em segredo.

10

A Declaração de Teerã e o Acordo de Genebra

Como foram feitos diversos paralelos sobre a Declaração de Teerã e o Acordo de Genebra, vale identificar suas semelhanças e diferenças.

Em 2010, o Irã já sentia o grave incômodo das crescentes sanções que lhe eram impostas pelos Estados Unidos, pela União Europeia e pelo Conselho de Segurança da ONU. Em 2013, porém, o país foi virtualmente isolado do mundo, e as sanções transformaram-se numa espécie de estrangulamento. Os mercadores dos famosos tapetes persas (um dos mais fortes elementos da balança comercial iraniana depois do petróleo), influentes membros do Bazar de Teerã, um centro de poder tradicional, não podiam mais exportar seus produtos como de costume, vendo-se forçados a triangulações onerosas e, por vezes, danosas. Os bancos iranianos não podiam mais fazer transações internacionais. Os navios que rumavam para o

Irã podiam ser abordados e as mercadorias consideradas suspeitas, confiscadas. O investimento estrangeiro caiu até quase zero e as receitas advindas do petróleo e do gás foram reduzidas, no mínimo, pela metade. Foi criada pela União Europeia uma lista negra que incluía o ministro iraniano da Energia e 34 administradores de empresas, além de 105 outros cidadãos iranianos e 490 empresas. Tudo isso conduziu ao empobrecimento da população iraniana, com prejuízos enormes para os empresários e para o Estado, além de dificuldades crescentes para a condução do programa nuclear. Assim, as pressões sobre o líder supremo aumentaram muito quando comparadas aos três anos anteriores.

O quadro no Irã era substancialmente mais grave e, portanto, diferente daquele que existia em 2010, quando Brasil e Turquia tentaram um acordo limitado para a retirada de parte do estoque de urânio de baixo teor de Teerã. A delegação brasileira havia tentado atingir outros objetivos, mas todas as ideias foram rejeitadas liminarmente pela delegação iraniana. O Irã já vinha enriquecendo urânio a 20% e assim continuaria pela Declaração de Teerã, que apenas previa a transferência de parte do estoque para fora do país. Aí residia uma preocupacão central das potências ocidentais, porque a existência de um estoque crescente de urânio viabilizaria a acumulação de material para fazer uma bomba atômica mais rapidamente. O Irã tinha a tecnologia necessária para fazer a bomba e, pelo

Acordo de 2010, podia desenvolvê-la. Para tal, precisaria continuar a enriquecer o urânio até 90% ou mais. Durante o processo, o urânio é colocado nas centrífugas que gradativamente trabalham para enriquecê-lo até se chegar ao urânio 235, o isótopo indispensável para confeccionar armas nucleares. Só 0,7% do minério de urânio é 235. Deste modo, é necessário o trabalho intenso do maior número possível de centrífugas. A Declaração de Teerã não tinha nenhum dispositivo a este respeito, não coibia este processo e, portanto, era inócua, afetando muito pouco a capacidade iraniana de construir armas nucleares. Sua única vantagem era retardar um pouco o progresso iraniano nesta área.

No acordo interino firmado pela delegação iraniana com as seis grandes potências em Genebra, em 24 de novembro de 2013, e na mesa das negociações nucleares que começou em fevereiro de 2014, em Viena, figuravam, ao contrário, todos os dispositivos destinados a frear o progresso iraniano rumo à capacidade de fabricar armas nucleares. Os resultados de Genebra foram muito além do que Brasil e Turquia poderiam ter obtido em 2010. Nenhum dos dois países tinha o poder de pressão e, sobretudo, a capacidade de atender às reivindicações vitais do Irã, asfixiado por tantas sanções punitivas.

Na essência, o acordo interino (Plano de Ação Conjunta) consiste em congelar, no curto prazo, algumas partes fundamentais do programa nuclear iraniano em troca de uma redução das sanções, à medida que ambos os lados trabalham para alcançar um acordo definitivo.

Na parte que concerne ao programa nuclear iraniano, o acordo instrumentaliza este entendimento de forma severa, nos seguintes termos:

- Todo o urânio enriquecido além de 5% será diluído ou convertido em óxido.
- Não serão instaladas novas centrífugas, nem preparadas para instalação.
- 50% das centrífugas em Natanz e 75% das que estão no outro principal centro de enriquecimento nuclear serão tornadas não operacionais. O Irã se compromete também a não usar suas centrífugas mais modernas.
- O Irã não criará novas instalações de enriquecimento ou reprocessamento de urânio.
- Nenhum combustível será produzido para a usina nuclear de Arak e o Irã deve revelar todos os detalhes do reator. (Esta instalação é considerada especialmente perigosa, pois, em teoria, é capaz de gerar plutônio, um elemento químico amplamente utilizado em armas nucleares, como a segunda arma nuclear detonada em guerra — o *Fat Man* —, lançada sobre Nagasaki em 1945.)
- Os inspetores da Agência de Viena terão acesso diário às instalações de Natanz e Fordow, além do

monitoramento remoto 24 horas por dia por meio de câmeras instaladas em pontos-chave.
- O Irã se compromete a revelar à AIEA as possíveis dimensões militares do seu programa nuclear.

Em troca, o Irã receberá o levantamento de sanções no valor aproximado de 7 bilhões de dólares e a garantia de que não haverá novas sanções durante o período interino. O acordo fixou o prazo de seis meses para a finalização de um acordo ainda mais abrangente entre o Irã e as seis potências para formalizar um marco jurídico obrigatório sobre todas essas questões. Em suma, o Plano de Ação Conjunta de Genebra de 2013 nada tinha a ver com a Declaração de Teerã de 2010.

Sobre o assunto, o artigo do analista Matias Spektor, publicado na *Folha de S.Paulo* em 27 de novembro de 2013, condensa extraordinariamente bem a questão:

> O acordo deste domingo foi o ato político mais relevante dos últimos tempos: a negociação entre o Irã e o grupo P5+1 criou possibilidades antes inimagináveis.
> No Brasil, recuperou-se a memória da Declaração de Teerã de três anos atrás. [...] Em vez de celebrar, porém, a conversa pública brasileira abraçou certa amargura.

Circula na imprensa a noção segundo a qual o acordo de domingo seria muito similar à Declaração de Teerã (ou pior que ela). O mundo teria perdido três anos por culpa de grandes potências, que, enciumadas, teriam puxado o tapete do Brasil e da Turquia.

Tal leitura é equivocada.

Primeiro: o acordo deste domingo está baseado no entendimento de que somente sanções asfixiantes levam o Irã a fazer concessões significativas. Brasil e Turquia defendiam o oposto.

Segundo: os termos deste acordo de agora são muito mais profundos e abrangentes do que se buscou fazer em 2010.

Terceiro: Estados Unidos e Europa puxaram mesmo o tapete de Brasil e Turquia. Só que não o fizeram por ciúme, arrogância ou medo, mas devido à política interna norte-americana e à dinâmica da negociação entre os membros permanentes do Conselho de Segurança da ONU.

[...] Afinal, o novo governo iraniano precisa de toda a interlocução possível até maio do ano que vem, quando voltará à mesa de negociação. Forças poderosas apostarão em seu fracasso, e poucos países têm tantas condições de oferecer-lhe diálogo como o Brasil.

[...] Temos algo a dizer. Por isso, talvez devêssemos receber o resultado de domingo como uma oportunidade. [...]

* * *

Durante uma visita à cidade de Tabriz, em 17 de fevereiro de 2014, o aiatolá Ali Khamenei declarou a milhares de pessoas que em novembro de 2013

> alguns dirigentes do governo anterior e do atual acreditam que o problema será resolvido se eles negociarem a questão nuclear. Mas, como disse em meu discurso do início do ano [março de 2013], não sou otimista a respeito das negociações. Acredito que não levarão a lugar nenhum, mas não sou contrário.

Khamenei fez essa declaração no dia em que foram retomadas as negociações entre o Irã e os 5+1 (Estados Unidos, Rússia, China, França, Reino Unido e Alemanha) em busca de um acordo definitivo para a questão nuclear iraniana.

Conclusão

O excepcional jornalista brasileiro Elio Gaspari publicou em sua coluna dominical na *Folha de S. Paulo* de 23 de março de 2014 uma deliciosa carta fictícia de Getúlio Vargas para Dilma Roussef, que termina com a seguinte frase: "Quando nos metemos a buscar um papel maior que nossa importância internacional, invariavelmente acabamos dificultando a defesa dos nossos verdadeiros interesses. [...] Com todo o respeito, Getúlio Vargas."

Essa frase lapidar deveria ser inscrita em bronze na entrada do Palácio do Planalto para que todo governante brasileiro a tivesse em mente ao tomar decisões estratégicas sobre política externa. No cenário internacional, o Brasil pode e deve exercer uma posição forte, porém moderada, sem ceder à tentação de protagonismos excessivos em matérias que excedem nossa capacidade de atuação. O Brasil, como ator geopolítico regional e global, começou em boa hora a dar passos mais assertivos, com pretensões mais amplas sobre seu papel no sistema internacional. Pelo simples tamanho de seu território, por sua riqueza e capacidade econômica, nosso país terá cada vez mais uma forte influência em sua região e nas questões internacionais. É indispensável uma calibragem precisa de onde o Brasil pode, e até mesmo deve, atuar com relevância política; caso contrário, um protagonismo mal avaliado só pode levar a péssimos resultados.

No caso específico do Irã, a tentativa de mostrar a força do Brasil baseou-se, a meu ver, em uma avaliação equivocada, ainda que com motivação genuína. Não tínhamos o que o ministro Ramiro Guerreiro costumava se referir como "excedente de poder" para realizar uma tarefa de tal impacto internacional. As potências ocidentais e, em especial, os Estados Unidos nunca delegariam a países emergentes a tarefa de negociar problema tão grave como a solução do impasse sobre o programa nuclear iraniano. E por isso recrudesceram. Por sua vez, a confiança que Turquia e Brasil gozavam junto aos dirigentes iranianos nunca bastaria para obter as concessões do alcance que as seis grandes potências conseguiram em Genebra, menos ainda para oferecer ao Irã a moeda de troca da suspensão, ainda que parcial, das sanções. Ademais, a proximidade dos dois mediadores com o Irã reforçava, principalmente sob a ótica dos Estados Unidos, a interpretação de que havia o propósito de protelação de uma solução efetiva, que desarmasse a estratégia iraniana de evoluir sub-repticiamente rumo à capacidade nuclear.

Na realidade, quando da assinatura da Declaração de Teerã, a fórmula de intercâmbio de urânio não interessava mais às grandes potências, pois os avanços tecnológicos iranianos já a haviam tornado ineficiente. Tal fórmula não deteria com eficácia a marcha do Irã em sua determinação de dominar os elementos indispensáveis para fabricar ou ser capaz de fabricar uma bomba atômica. Ela fora útil no passado e até tinha sido explorada pela Agência de Viena com o apoio das grandes potências, mas seu prazo de validade se esgotara. Os Seis tinham chegado à conclusão de que somente o aperto do torniquete das sanções poderia levar o Irã a aceitar um congelamento de seu programa nuclear, antes que atingisse o estágio final das armas nucleares. Além disso, a detalhada discussão para acomodar os países recalcitrantes — China e Rússia —, visando a aprovação no Conselho de Segurança da ONU de uma nova rodada de sanções ainda mais severas, havia sido concluída. Dando-se por satisfeitos em seus interesses comerciais, China e Rússia não hesitavam mais em aprovar a escalada das sanções. O presidente russo Medvedev já tinha dado uma pista importante. O jogo terminara e não havia mais espaço para um acordo parcial que abordasse o congelamento de apenas uma parte do estoque de urânio enriquecido do Irã.

A principal lição a tirar do episódio de Teerã em 2010 consiste em constatar que uma presença de "impacto sistêmico" do Brasil terá que se fazer pelo peso de sua economia e pela habilidade de seus líderes políticos e diplomáticos, mas nunca deixando de considerar os limites realistas da capacidade brasileira de atuar em cada situação. O governo do presidente Lula sempre foi caracterizado por um forte desejo de protagonismo diplomático. No caso do Oriente Médio, demonstrou um excesso de voluntarismo, que se revelou gratuito e inútil. No caso do Irã, fez uma leitura por demais otimista do nosso papel internacional. "Em política não se pode cometer erros gratuitos", ensinava o ministro Azeredo da Silveira. Não foram erros irreparáveis, porque o Brasil jamais será descartado, mas eles indicam de forma contundente os limites do protagonismo brasileiro fora dos campos em que tem credenciais e real influência. As grandes questões da agenda internacional não se coadunam com voluntarismo sem base, nem se processam sem um balanço objetivo do poder real dos protagonistas. Em última análise, erros desse tipo, como dizia o Getúlio de Elio Gaspari, "invariavelmente acabam dificultando a defesa dos nossos verdadeiros interesses".

Agir sem levar em consideração estes balizamentos poderá ser nocivo aos interesses brasileiros, inclusive na questão de obter uma cadeira permanente no Conselho de Segurança. A atuação em Teerã certamente se enquadra neste caso e depõe contra nosso objetivo. Este objetivo permanente e legítimo do Brasil não se realizará através da abertura de embaixadas em todos os países-membros da ONU, inclusive os mais irrelevantes no cenário internacional, pois não é uma campanha eleitoral. Vale esclarecer que, de acordo com o artigo 108 da Carta da ONU, uma mudança na composição do Conselho de Segurança só pode ser feita por meio de uma emenda. Isto requer a aprovação de dois terços da Assembleia Geral e a ratificação por outros dois terços dos Estados-membros, *inclusive* os cinco membros permanentes do Conselho. Em outras palavras, além de obter dois terços duas vezes, o país candidato precisa do voto favorável dos atuais membros permanentes do Conselho. Se um deles não concordar, não há reforma. Isto é evidentemente uma tarefa dificílima. Há mais de vinte anos a ampliação do número de membros permanentes do Conselho está na agenda, mas sempre esbarra na falta de vontade política dos atuais detentores deste poder.

O esforço brasileiro não será bem-sucedido se conduzido de modo irrealista, como aconteceu em 1924, quando o Brasil tentou forçar sua entrada como membro permanente do Conselho e acabou tendo que retirar-se, derrotado e sem glória, da própria organização. Estaremos jogando contra nosso pleito de obter um assento permanente no Conselho de Segurança da ONU sempre que tentarmos afirmar nossas posições mostrando que somos mais capazes do que as grandes potências de resolver importantes impasses internacionais. É evidente que elas não aceitarão abrir mão de seu poder, nem darão suporte real a tais iniciativas.

O melhor será priorizarmos nossa contribuição nas grandes questões em que temos credenciais reconhecidas: mudanças climáticas, preservação do meio ambiente, não proliferação nuclear (com nosso programa exemplar e amplamente respeitado), direitos humanos ou comércio internacional. Aí reside a essência de nosso *soft power*, maior trunfo do Brasil, pois obviamente não podemos pretender a uma afirmação na cena internacional pelo nosso *hard power*, em especial pela força militar. Como disse o professor Dawisson Belém Lopes: "Emancipar-se e entrar para o 'clube das potências' é um processo que envolve opções custosas — e não necessariamente pacíficas — para o Estado."[20]

Para conseguirmos a desejada cadeira no Conselho de Segurança será essencial termos na América do Sul uma presença compatível com o nosso peso político, geográfico e econômico. Apenas deste modo nossas chances aumentarão consideravelmente, ainda que possa haver alguma resistência da Argentina e do México.

O resultado do acordo preliminar de Genebra, alcançado em novembro de 2013, certamente não assegurou que será possível chegar a um acordo completo. A desmontagem do programa nuclear iraniano, no que diz respeito à sua capacidade de chegar à arma nuclear, é o objetivo final dos Estados Unidos e dos demais membros permanentes do Conselho de Segurança. Por outro lado, tal resultado chocaria-se com a própria essência dos esforços obstinados do Irã, não sendo por isso aceitável para uma boa parte dos integrantes do poder decisório em Teerã, incluindo o aiatolá Khamenei. Aí reside o ponto crucial da questão e também sua maior interrogação.

O impasse do programa nuclear iraniano vai sendo superado gradualmente, e os entendimentos preliminares de Genebra atestam isso. Porém, resta saber qual será o conteúdo de um acordo definitivo. Simplificando, existem posições antagônicas. O Irã deseja conservar seu programa e invoca o pilar do Tratado de Não Proliferação contido no artigo IV que lhe garante amplamente o direito de enriquecer urânio. O texto do artigo é o seguinte:

> Nenhuma disposição deste Tratado será interpretada como afetando o direito inalienável de todas as Partes do Tratado de desenvolverem a pesquisa, a produção e a utilização da energia nuclear para fins pacíficos, sem discriminação, e de conformidade com os Artigos I e II deste Tratado.

O espírito e a letra do Tratado, assim como o pensamento das grandes potências, porém, é que este artigo não pode ser interpretado como justificativa de um programa que vise, em última análise, a obtenção de armamentos nucleares. Como todas as evidências indicam, o Irã tem este propósito, malgrado sua filiação ao Tratado de Não Proliferação. Por conseguinte, existe um propósito férreo, por parte dos Estados Unidos e seus aliados, de impedir o avanço do programa nuclear do Irã. Certamente que esse país sempre poderia retirar-se do Tratado alegando motivos de segurança nacional e testar uma bomba atômica, como fez a Coreia do Norte (que também era parte do TNP). De fato, o Tratado dispõe, em seu artigo X, que "cada parte tem, no exercício de sua soberania nacional, o direito de denunciar o Tratado se decidir que acontecimentos extraordinários, relacionados com o assunto deste Tratado, põem em risco os interesses supremos do país".

No caso especial do Irã, do ponto de vista das grandes potências e igualmente de Israel, este cenário que conduziria à cessação das suas obrigações internacionais seria totalmente inaceitável, já que levaria a graves ameaças à segurança mundial e a uma corrida nuclear em região tão sensível quanto o Oriente Médio, acabando por resultar na nulificação do regime de não proliferação que o Tratado expressa. A conclusão inescapável é que nestas circunstâncias a probabilidade de um ataque militar ao Irã seria bastante alta. É muito improvável que, diante de uma situação como esta, possa haver acomodação semelhante à que terminou acontecendo no caso dos testes nucleares da Índia e do Paquistão. O caminho da guerra ao Irã certamente acrescentaria muito combustível ao já explosivo Oriente Médio. A maior parte dos especialistas no assunto inclui a possibilidade de um ataque ao Irã entre os cenários prováveis caso haja uma ruptura dos entendimentos em curso.

Assim, a intervenção brasileira no processo de negociação teve uma base compatível com nossa constante posição construtiva na promoção da paz em lugar da força para a solução de controvérsias internacionais. Seu defeito, como já foi assinalado, residiu numa má avaliação de viabilidade. Já tivemos atuações decisivas na solução pacífica de litígios, como foi o caso do Tratado de Paz entre Peru e Equador. Deveríamos por isso buscar, para nosso protagonismo em matéria de graves assuntos político-militares, um escopo regional em lugar de pretender atuar em áreas em que carecemos de influência e poder. Este é o caminho mais adequado para figurarmos com maior destaque e importância na cena internacional.

Notas

1. Cf. Roham Alvandi. "Open the Files on the Iran Coup", *The New York Times*, 9 de julho de 2014. *"Every Iranian schoolchild can retell the story of how Britain's Secret Intelligence Service and America's Central Intelligence Agency conspired in 1953 to orchestrate a royalist coup against the elected government of Prime Minister Mohammad Mossadegh, an anticolonial icon who led the charge for the nationalization of the British-owned Anglo-Iranian Oil Company."*
2. "As reservas de petróleo e gás são classificadas em provadas, prováveis e possíveis. Reservas provadas são aquelas cuja existência é considerada de alta certeza; as prováveis são as de média certeza; enquanto as possíveis são de baixa certeza. Essas três classificações representam o petróleo explotável, ou seja, que pode ser extraído economicamente pelos processos existentes." (Blog da Petrobras, disponível em: http://fatosedados.blogspetrobras.com.br/fatosedados/?p=27086. Acesso em: ago. 2014.)
3. Cf. "Indústria petrolífera iraniana", *Notícias do Trecho*, 13 de maio de 2013 (disponível em: www.noticiasdotrecho.com.br).
4. Cf. ElBaradei, Mohamed. *A era da ilusão: a diplomacia nuclear em tempos traiçoeiros*. São Paulo: Texto Editores, 2011.

5. "*The world would be a safer place if Iran did not enrich uranium, but contrary to the arguments hawks put forward, the United States is not in any position to prevent it from doing so.*" (George Perkovich, "No Endgame in Sight: Demanding Zero Enrichment From Iran Makes Zero Sense", *Foreign Affairs*, 15 de janeiro de 2014.)
6. Cf. René Dellagnezze. *O Irã e suas relações internacionais no mundo globalizado.* Universidade Federal de Juiz de Fora, 2012. Disponível em: < http://www.ecsbdefesa.com.br/defesa/fts/ISRI.pdf>.
7. *Soft Power* — ou poder brando — é um termo usado na teoria das relações internacionais para descrever a habilidade de um corpo político, como um Estado, para influenciar indiretamente o comportamento ou interesses de outros corpos políticos por meios culturais ou ideológicos. O termo foi usado pela primeira vez pelo professor de Harvard Joseph Nye. Ele desenvolveu o conceito em seu livro *Soft Power: The Means to Success in World Politics*, de 2004. Embora sua utilidade como uma teoria descritiva tenha sido desafiada, *Soft Power* passou a circular em discursos políticos como uma maneira de descrever os efeitos sutis de culturas, valores e ideias no comportamento de outros. *Soft Power* é um contraponto de *Hard Power*, que mede o poder de um organismo social por meio de grandes números, tecnologia militar ou PIB.
8. "O Brasil, o Irã e o Protocolo Adicional", *O Estado de S.Paulo*, 2010.
9. "Na ONU, Lula critica os subsídios agrícolas. Presidente cobra regras justas para o comércio internacional", *Gazeta do Povo*, 26 de setembro de 2007.
10. Como primeiro presidente da Turquia, Kemal Atatürk empreendeu um arrojado programa de reformas políticas, econômicas e culturais. Entusiasta do Iluminismo, procurou transformar as ruínas do Império Otomano numa nação ocidentalizada e democrática. Atatürk, o "libertador dos turcos", ficou conhecido como um modernizador autoritário. O kemalismo engendrou profundas alterações na relação entre

política e religião muçulmana, fundamentando os princípios do Estado moderno turco.
11. José Murilo de Carvalho. "Kemal Atatürk: ao Ocidente pelo Oriente", *O Globo*, 21 de março de 2014.
12. Disponível em: www.itamaraty.gov.br/sala-de-imprensa/notas-a-imprensa/declaracao-conjunta-de-ira-turquia-e-brasil-17-de-maio-de-2010/print-nota. Acesso em: ago. 2014.
13. Cf. "Lula diz que acordo nuclear com Irã é 'uma vitória da diplomacia'", *O Estado de S.Paulo*, 17 de maio de 2010.
14. Cf. no portal G1, "Brasil diz que acordo fecha caminho para novas sanções ao Irã". Disponível em: http://g1.globo.com/mundo/noticia/2010/05/brasil-diz-que-acordo-fecha-caminho-para-novas-sancoes-ao-ira.html?id=2010/05/brasil-diz-que-acordo-fecha-caminho-para-novas-sancoes-ao-ira.html&type=noticia&section=mundo&hash=2. Acesso em: ago. 2014.
15. Cf. Entrevista de Kouchner (Deborah Berlinck (correspondente), "Kouchner: Lula está sendo embromado por Ahmadinejad", *O Globo*, 7 de maio de 2010).
16. No original:

    Mr. President, Brazil will vote against the draft resolution.

    In doing so, we are honoring the purposes that inspired us in the efforts that resulted in the Tehran Declaration of 17 May.

    We will do so because we do not see sanctions as an effective instrument in this case. Sanctions will most probably lead to the suffering of the people of Iran and will play in the hands of those, on all sides, that do not want dialogue to prevail.

    Past experiences in the UN, notably the case of Iraq, show that the spiral of sanctions, threats and isolation can result in tragic consequences.

    We will vote against also because the adoption of sanctions, at this juncture, runs contrary to the successful efforts of Brazil and Turkey to engage Iran in a negotiated solution for its nuclear programme.

    As Brazil repeatedly stated, the Tehran Declaration adopted on 17 May is a unique opportunity that should not be missed. It was approved by the highest levels of the Iranian leadership and endorsed by its Parliament.

The Tehran Declaration promoted a solution that would ensure the full exercise of Iran's right to the peaceful use of nuclear energy, while providing full verifiable assurances that Iran's nuclear program has exclusively peaceful purposes.

We are firmly convinced that the only possible way to achieve this collective goal is to secure Iran's cooperation through effective and action-oriented dialogue and negotiations.

The Tehran Declaration showed that dialogue and persuasion can do more than punitive actions.

Its purpose and result were to build the confidence needed to address a whole set of aspects of Iran's nuclear programme.

As we explained yesterday, the Joint Declaration removed political obstacles to the materialization of a proposal by the IAEA in October 2009. Many governments and highly respected institutions and individuals have come to acknowledge its value as an important step to a broader discussion on the Iranian nuclear program.

The Brazilian government deeply regrets, therefore, that the Joint Declaration has neither received the political recognition it deserves, nor been given the time it needs to bear fruit.

Brazil considers it unnatural to rush to sanctions before the parties concerned can sit and talk about the implementation of the Declaration. The Vienna Group's replies to the Iranian letter of 24 May, which confirmed Iran's commitment to the contents of the Declaration, were received just hours ago. No time has been given for Iran to react to the opinions of the Vienna Group, including to the proposal of a technical meeting to address details.

The adoption of sanctions in such circumstances sends the wrong signal to what could be the beginning of a constructive engagement in Vienna.

It was also a matter of grave concern the way in which the permanent members, together with a country that is not a member of the Security Council, negotiated among themselves for months at closed doors.

Mr. President, Brazil attaches the utmost importance to disarmament and non-proliferation and our record in this domain is impeccable.

We have also affirmed — and reaffirm now — the imperative for all nuclear activity to be conducted under the applicable safeguards of the International Atomic Energy Agency. Iran's nuclear activities are no exception.

We continue to believe the Tehran Declaration is sound policy and should be pursued. We hope all parties involved will see the long-term wisdom of doing so.

In our view, the adoption of new sanctions by the Security Council will delay, rather than accelerate or ensure progress in addressing the question.

We should not miss the opportunity of starting a process that can lead to a peaceful, negotiated solution to this question.

The concerns regarding Iran's nuclear programme raised today will not be resolved until dialogue begins.

By adopting sanctions, this Council is actually opting for one of the two tracks that were supposed to run in parallel — in our opinion, the wrong one.

17. Quando perguntado sobre de quanto seria a probabilidade de sucesso de Lula, Medvedev a avaliou em 30%, percentual bem abaixo das expectativas do presidente brasileiro.

18. No original:

I want to thank you for our meeting with Turkish Prime Minister Erdogan during the Nuclear Security Summit. We spent some time focused on Iran, the issue of the provision of nuclear fuel for the Tehran Research Reactor (TRR), and the intent of Brazil and Turkey to work toward finding an acceptable solution. I promised to respond in detail to your ideas, I have carefully considered our discussion, and I would like to offer a detailed explanation of my perspective and suggest a way ahead.

I agree with you that the TRR is an opportunity to pave the way for a broader dialogue in dealing with the more fundamental concerns of the international community regarding Iran's overall nuclear program. From the beginning, I have viewed Iran's request as a clear and tangible opportunity to begin to build mutual trust and confidence, and thereby create time and space for a constructive diplomatic process. That is why the United States so strongly supported the proposal put forth by former

International Atomic Energy Agency (IAEA) Director General ElBaradei.

The IAEA's proposal was crafted to be fair and balanced, and for both sides to gain trust and confidence. For us, Iran's agreement to transfer 1,200 kg of Iran's low enriched uranium (LEU) out of the country would build confidence and reduce regional tensions by substantially reducing Iran's LEU stockpile. I want to underscore that this element is of fundamental importance for the United States. For Iran, it would receive the nuclear fuel requested to ensure continued operation of the TRR to produce needed medical isotopes and, by using its own material, Iran would begin to demonstrate peaceful nuclear intent. Notwithstanding Iran's continuing defiance of five United Nations Security Council resolutions mandating that it cease its enrichment of uranium, we were prepared to support and facilitate action on a proposal that would provide Iran nuclear fuel using uranium enriched by Iran — a demonstration of our willingness to be creative in pursuing a way to build mutual confidence.

During the course of the consultations, we also recognized Iran's desire for assurances. As a result, my team focused on ensuring that the IAEA's proposal contained several built-in measures, including a U.S. national declaration of support, to send a clear signal from my government of our willingness to become a direct signatory and potentially even play a more direct role in the fuel production process, a central role for Russia, and the IAEA's assumption of full custody of the nuclear material throughout the fuel production process. In effect, the IAEA's proposal offered Iran significant and substantial assurances and commitments from the IAEA, the United States, and Russia. Dr. ElBaradei stated publicly last year that the United States would be assuming the vast majority of the risk in the IAEA's proposal.

As we discussed, Iran appears to be pursuing a strategy that is designed to create the impression of flexibility without agreeing to actions that can begin to build mutual trust and confidence. We have observed Iran convey hints of flexibility to you and others, but formally reiterate an unacceptable position through official channels to the IAEA. Iran has continued to reject the

IAEA's proposal and insist that Iran retain its low-enriched uranium on its territory until delivery of nuclear fuel. This is the position that Iran formally conveyed to the IAEA in January 2010 and again in February.

We understand from you, Turkey and others that Iran continues to propose that Iran would retain its LEU on its territory until there is a simultaneous exchange of its LEU for nuclear fuel. As General Jones noted during our meeting, it will require one year for any amount of nuclear fuel to be produced. Thus, the confidence-building strength of the IAEA's proposal would be completely eliminated for the United States and several risks would emerge. First, Iran would be able to continue to stockpile LEU throughout this time, which would enable them to acquire an LEU stockpile equivalent to the amount needed for two or three nuclear weapons in a year's time. Second, there would be no guarantee that Iran would ultimately agree to the final exchange. Third, IAEA "custody" of Iran's LEU inside of Iran would provide us no measurable improvement over the current situation, and the IAEA cannot prevent Iran from re-assuming control of its uranium at any time.

There is a potentially important compromise that has already been offered. Last November, the IAEA conveyed to Iran our offer to allow Iran to ship its 1,200 kg of LEU to a third country — specifically Turkey — at the outset of the process to be held "in escrow" as a guarantee during the fuel production process that Iran would get back its uranium if we failed to deliver the fuel. Iran has never pursued the "escrow" compromise and has provided no credible explanation for its rejection. I believe that this raises real questions about Iran's nuclear intentions, if Iran is unwilling to accept an offer to demonstrate that its LEU is for peaceful, civilian purposes. I would urge Brazil to impress upon Iran the opportunity presented by this offer to "escrow" its uranium in Turkey while the nuclear fuel is being produced.

Throughout this process, instead of building confidence Iran has undermined confidence in the way it has approached this opportunity. That is why I question whether Iran is prepared to engage Brazil in good faith, and why I cautioned you during *our meeting. To begin a constructive diplomatic process, Iran has to convey to the IAEA a constructive commitment to engagement through official channels — something it has failed to do. Meanwhile, we will pursue sanctions on the timeline that I have outlined. I have also made clear that I will leave the door open to engagement with Iran. As you know, Iran has thus far failed to accept my offer of comprehensive and unconditional dialogue.*

I look forward to the next opportunity to see you and discuss these issues as we consider the challenge of Iran's nuclear program to the security of the international community, including in the U.N. Security Council. (No texto em português, o grifo é do autor.)

19. Vários autores. *Alô, Obama*. São Paulo: O Globo, 2013.
20. "Potências deixam emergentes como o Brasil de fora de conversas com Teerã", *Folha de S. Paulo*, 10 de outubro de 2013.

Conheça mais sobre nossos livros e autores no site
www.objetiva.com.br

Disque-Objetiva: (21) 2233-1388

Este livro foi impresso na
LIS GRÁFICA E EDITORA LTDA.
Rua Felício Antônio Alves, 370 – Bonsucesso
CEP 07175-450 – Guarulhos – SP
Fone: (11) 3382-0777 – Fax: (11) 3382-0778
lisgrafica@lisgrafica.com.br – www.lisgrafica.com.br